NAGOYA Archi Fes 2020

中部卒業設計展

NAGOYA Archi Fes 2020 中部卒業設計展実行委員会 [編]

はじめに

　NAGOYA Archi Fes 2020 は「中部建築界の活性化」を理念とし、地域の企業や建築家と密着したプロジェクトや、建築学生に向けたレクチャーや勉強会などさまざまな活動を行ってきました。その 1 年間の集大成が今年で 7 年目を迎える「中部卒業設計展」です。

　本年度はキャッチコピーに「∫建築 dt=」を掲げました。出展者の皆様が大学生活を通して積み上げてきたものを形にし、審査員の先生方にさまざまな角度から審査していただき切磋琢磨する場となり、多くの考え方や熱が生まれたと思います。

　本年度は新型コロナウイルス感染症の影響により開催が危ぶまれましたが、審査員の先生方や出展者の皆様、総合資格学院様をはじめとする協賛企業の皆様など多くの方々のご協力により、縮小という形にはなりましたが「中部卒業設計展」が開催できたことを心より感謝いたします。

　私たちの活動や思いが多くの方に影響し、中部建築界の活性化の波がより大きく広がっていくことを期待します。

NAGOYA Archi Fes 2020 代表
名古屋工業大学　北川　佑亮

中部卒業設計展への
共催および作品集発行にあたって

　建築士をはじめとする、有資格者の育成を通して、建築・建設業界に貢献する――、それを企業理念として、私たち総合資格学院は名古屋の地で創業しました。それ以来、約41年間、建築関係を中心とした資格スクールとして、安心・安全な社会づくりに寄与していくことを会社の使命とし、事業を展開してきました。その一環として、建築に関係する仕事を目指している学生の方々が、夢をあきらめることなく、建築の世界に進むことができるよう、さまざまな支援を全国で行っております。卒業設計展への協賛やその作品集の発行、就職セミナーなどは代表的な例です。

　中部地区の学生の方々と当社の共催という形で、2014年3月にスタートしたNAGOYA Archi Fes（中部卒業設計展）は、今年で7回目を迎えました。本年度は新型コロナウイルスの感染を防ぐため、出展者の方々や審査員の先生方、一般来場者による協力のもと、参加者全員へのマスク配布と着用、アルコール除菌などを徹底し、公開での審査を行い、無事成功を収めることができました。このような難しい社会状況のなか、状況に応じて臨機応変に対応する実行委員の学生の方々を頼もしく思いつつ、年を経るごとに設計展が発展していくことを、共に運営している者として喜ばしく思います。

　本大会をまとめた作品集をつくるにあたり、「より多くの学生の方の作品を、より詳しく紹介する」という編集方針のもと、最優秀・優秀賞の作品を6ページで、個人賞を4ページで紹介しています。その他の応募作品についても1／2ページにて掲載したほか、2日間の審査の模様を豊富な写真と長文のレポートで記録しているため、学生の方の設計意図や審査員の先生方の設計理念、審査のポイントなどを読み取ることができるでしょう。

　本設計展および本作品集が、中部地区に留まらず、全国の学生へ刺激を与えていく。設計展の立ち上げの時から、継続して実行委員と共に会を運営してきた、当社の「NAGOYA Archi Fes」への願いであります。

　近年の建築・建設業界は人材不足が大きな問題となっていますが、さらに、人口減少の影響から、社会の在り方が大きな転換期を迎えていると実感します。特に本年は、新型コロナウイルス感染拡大により私たちの生活や社会の仕組みが変化せざるを得ない状況となりました。そのような状況下で建築業界においても、建築家をはじめとした技術者の役割が見直される時期を迎えています。変革期にある社会において、本作品集が、建築に興味を持ち始めた若い人々の道標の一つとなり、また、本設計展に参加された学生の方々や本作品集をご覧になった若い方々が、時代の変化を捉えて新しい建築の在り方を構築し、高い倫理観と実務能力を持った建築家そして技術者となることを期待しております。

総合資格学院

学院長　岸　隆司

NAF2020 中部卒業設計展
1日目総合司会を終えて

　新型コロナウイルス騒動の中で開催された NAF2020 は、災厄と戦う歴史を積み重ねてきた人類が、その戦いの最中でも未来を切り開こうとする若者の意志と熱気に溢れる素晴らしいイベントとなった。1日目の司会を仰せつかっていた村上は、審査を非公開で行うという実行委員会の決定により役目が縮小されたため、急遽、審査には加わらないものの、全てのプレゼンテーションを回ってコメントをするという仕事を与えていただいた。結果として全ての出品者の説明を伺うことができたのだが、今年の傾向として感じたことは、意匠的な独自性と先進性を主張する作品が減り、プログラムの良さとそこへ至る検証を重視する作品が目についた、という点である。具体的には、土木と建築を繋ごうとする提案、水辺の可能性を引き出そうとする提案、再生やコンバージョン、エンターテインメントと地域を結ぶ提案などである。

　審査が非公開で行われることとなったので、議論過程を簡単に紹介しておく。3名の審査員が順位づけを行った3作品を選定し、1位から順に3点、2点、1点を与えて集計することとした。が、異なる背景を有する審査員の評価は予想通りばらつき、2名以上の審査員が推した作品は唯一つ、最優秀に選定した「Art Hacking Complex」のみであった。最優秀作品を決定した後に、各審査員から個人賞を推薦していただいた。審査後にいただいた審査員の先生方のコメントを紹介しておく（敬称略）。

　大竹：取材アプローチを重視して採点した。取材と言っても、観察だけだと迫力不足である。建築は人のためのものであるから、現地の人や専門家など人の声を聞けば聞くほどいい建築に繋がる筈である。

　稀温：発想やコンセプトはいいのだが空間は普通、或いはその逆、という作品が目に付いた。その両者のレベルのバランスが取れている作品が評価されたと思う。リサーチで実際に行動した作品の迫力は素晴らしい。但し、自分としては、審査員全体の中の自分の役割として、建築的意味を特に評価基準とした。

　三宅：皆さん真面目である点は共通して良いのだが、設計を行った本人が心から楽しんでいるかが作品のパワーの有無に繋がっていると感じた。「先生」の評価など気にせずに、むしろ裏切ったほうがいい。

椙山女学園大学　教授

村上　心

NAF2020 中部卒業設計展
2日目総合司会を終えて

　本来であれば、務めるべきであった2日目の総合司会という立場から、過去のこのイベントに比すような、そこで生まれたはずのドラマチックな展開を、熱くしたためるべきであったのだろう。だが、7回目を迎えたNAF2020 中部卒業設計展は、新型コロナウイルスの感染拡大と時を同じくしており、その防止策として公開審査の中止や会場の縮小、懇親会の中止など、当初より規模や運営方法を変更して、なんとか開催はされたものの、すでに国内移動の自粛もあった時期でもあり、5名の審査員の方のうち2名が移動困難のため参加を辞退、急遽審査員を直前に加えて開催するという波乱に満ちた回となった。

　2日目の審査の経緯や作品の解説は、この記録集にしっかりと記載されるだろうし、すでにYouTubeで審査の経緯も追体験できるため、それらについては触れずにおき、むしろあの2日間を体験した卒業設計を展示した当時の4年生、運営に尽力した3年生から1年生までの学生に対して、忘備録としてのことばを残しておきたい。

　この稿を編んでいる時点では、あの2日間では想像すらしていなかった事態になっており、愛知県にも独自とはいえ『非常事態宣言』が出ており、どの大学も入校禁止、教員の我々もテレワークにて自宅で仕事や会議、遠隔ゼミをしている最中である。今までNAFをはじめ全国の卒業設計展で、評価されてきた価値観やフレーズ、必須ワードともいえる、「人が集まること」、「賑わいを生むこと」、「繋がりや交流を生むこと」など、これらが三密と呼ばれだし、あっという間にこれらがことごとく許されない社会になってしまった。最悪のケースまでを想定すると、現4年生がすべて遠隔やオンラインにて卒業設計を完成させ、ZOOMで講評会が行われ、WEB上での卒業設計展が行われる最初の学年になるかもしれないのだ。

　だが、今までの価値観はことごとくなくなっていくものの、確実に新しい時代が来て、それらをつくり上げていくのは、この時代を大学生として感受性豊かに、建築や社会に対して、好奇心と関心とを持ち続けたきみたちであるということを自覚してほしいし、決して悲観的になることなく、新しい時代への第一歩を踏み出してほしい。

大同大学　教授
武藤　隆

$\displaystyle\int_{2016}^{2020}$ 建築dt=

中部建築界の活性化を理念に掲げるNAGOYA Archi Fes。7
年目となる今回は奇しくも新型コロナウイルス流行中での
開催となり、多くのイレギュラーが生じたものの、主催者も
出展者も参加者も、決して忘れることができない、熱気あふ
れるイベントとなった。

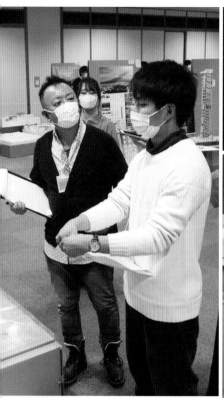
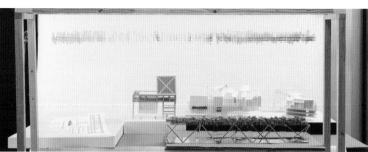

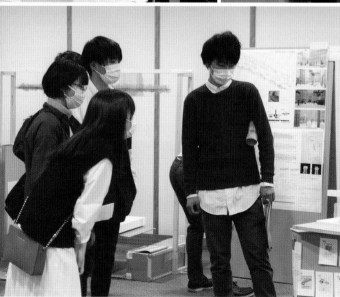

大会概要
competition summary

開催日程

2020年3月3日(火)・4日(水)

10:00〜	展示開始
10:30〜10:50	開会式
11:00〜12:30	一次プレゼンテーション(前半)
12:30〜13:10	昼休憩
13:15〜15:15	一次プレゼンテーション(後半)
15:30〜16:30	質疑応答
16:30〜17:30	選考
17:30〜18:00	表彰式

会　　場

吹上ホール(名古屋市中小企業振興会館)2階　第2ファッション展示場
名古屋市千種区吹上2-6-3

賞

個別評価審査	個人賞(7点)
公開審査	最優秀賞(2点)、優秀賞(2点)、模型賞(1点)、シート賞(1点)

目次
contents

PROFILE OF CRITICS

審査員紹介

大竹 敏之
Toshiyuki Otake

フリーライター

1965年愛知県生まれ。立命館大学卒業。名古屋ネタライターを自称し、雑誌、新聞、Webなどに名古屋情報を発信する。Web連載はYahoo!ニュース「大竹敏之のでら名古屋通信」など。『名古屋の酒場』『名古屋の喫茶店完全版』など著作多数。あいちトリエンナーレ2013年ではオープンアーキテクチャのプログラムで老舗喫茶店ツアーを企画・催行。コンクリート造形師・浅野祥雲の日本唯一の研究家として、作品の修復ボランティア活動も主宰する。

- 主な著作 -

名古屋の酒場
（リベラル社）

名古屋の喫茶店完全版
（リベラル社）

コンクリート魂 浅野祥雲大全
（青月社）

稀温
Kion

コーディネーター、Kion Studio代表

1967年愛知県生まれ。名古屋モード学園卒業。在学中よりステージコスチュームや販促企画の活動を開始。流通系企業で営業企画を経て1991年よりフリーランス。衣食住遊のジャンルを超えてデザイン&コーディネートをする。1999〜2004年クリエーターズマーケット。2001〜2006年さくらアパートメント。2006〜2012年名古屋テレビ塔パークギャラリーを企画、運営。2016年よりイベントを経てリテイルを設立。繊維組合のレトロビルの活用と地場産のファッション素材を扱うプロジェクトを進行中。

- 主な作品 -

尾張一宮駅の
産業遺産リテイルを活用
©リテイル

2006〜2012年1月まで
ギャラリー&ストアを企画運営
©テレビ塔パークギャラリー

ボディカラーに合わせた
コラボ展示のプロデュース
©日産マーチ×さくらアパートメント

三宅 博之
Hiroyuki Miyake

デザイナー、三宅博之デザインオフィス代表

1975年三重県生まれ。1997年大阪芸術大学卒業。2003年に英国留学し、2005年三宅博之デザインオフィスを設立。2011年に「受け皿のいらない植木鉢one pots」がグッドデザイン賞を受賞。物事の本質を形にするために、純度の高いデザインを追求し、空間や意匠やデザインの質を感じさせる作品をつくり続けている。

- 主な作品 -

ben

Grande class

Wath'z

1日目 / **総合司会**

村上 心
Shin Murakami

椙山女学園大学教授・同大学生活科学研究科長、
Hyper Space Creator、建築学者、写真家

1960年大阪府生まれ。1992年東京大学
大学院博士課程満了後、椙山女学園大学
講師。助教授・准教授を経て2008年教授。
1997年TUDelft OBOM研究所客員研究
員。2011年より遼寧工程技術大学客員教
授。博士（工学）。

2日目 / **審査員長**

内藤 廣
Hiroshi Naito

建築家、東京大学名誉教授

1950年神奈川県生まれ。1976年早稲田
大学大学院修了後、フェルナンド・イゲーラ
ス建築設計事務所、菊竹清訓建築設計事
務所を経て、1981年、内藤廣建築設計事
務所を設立。日本建築学会賞、吉田五十八
賞、村野藤吾賞、毎日芸術賞、芸術選奨文
部科学大臣賞など受賞。周辺環境やまちの
将来像を見据えたそれら作品群から、「流行
を追わず、時に耐えうるものをつくる建築家」
と称される。極限まで自らを追い込む姿勢で
活動の幅を広げて取り組んできた。

- 主な作品 -

虎屋京都店

鳥羽市立海の博物館

静岡県草薙運動場体育館

島田 陽
Yo Shimada

建築家、タトアーキテクツ／
島田陽建築設計事務所代表

1972年兵庫県生まれ。1997年京都市立
芸術大学大学院修了後、タトアーキテクツ
／島田陽建築設計事務所を設立。2013
年吉岡賞、2016年日本建築設計学会賞
大賞、2018年Dezeen Awards House
of the Yearなど受賞。京都芸術大学客員
教授。敷地をよく観察し、状況をポジティブに
捉え直すことで、人の認識を刺激し、新鮮な
発見を促す建築を設計する。

- 主な作品 -

ハミルトンの住居
©Christopher Frederick Jones

六甲の住居
©鈴木研一

宮本町の住居
©新建築社

三谷 裕樹
Yuki Mitani

建築家、ナノメートルアーキテクチャー共同主宰

1985年大阪府生まれ。2013年三重大
学大学院修了後、SUPPOSE DESIGN
OFFICEを経て、2017年ナノメートルアーキ
テクチャー参画。International Architecture
Awards 2019 house design 1st prize、
池田町ハーブセンターガラス温室改修工事
プロポーザル最優秀賞など受賞。多能建築
家(マルチアーキテクト)として、ナノメートルとい
う目に見えず気付かれないような小さな積み
重ねで、一望できない都市計画を超える大き
な全体までを思考している。

- 主な作品 -

海辺の別荘 野間の改構
©Ryuji Inoue

大阪の就労支援施設
板東幸輔建築設計事務所と共同
©太田拓実

志摩の家
©ToLoLo studio

近藤 哲雄
Tetsuo Kondo

建築家、近藤哲雄建築設計事務所主宰

1975年愛媛県生まれ。1999年名古屋工業大学卒業。妹島和世建築設計事務所、SANAAを経て、2006年に近藤哲雄建築設計事務所を設立。2020年より名古屋工業大学特任准教授。2008年東京建築士会住宅建築賞、2011年AR House Awards優秀賞、2017年JIA新人賞など受賞。

- 主な作品 -

犬島ホッピーバー　　　Cloudscapes　　　中出邸

2日目 / **総合司会**

武藤 隆
Takashi Muto

大同大学教授

1967年愛知県生まれ。1992年東京藝術大学大学院修了。1992〜2002年安藤忠雄建築研究所。2002年武藤隆建築研究所を設立。2010年大同大学工学部建築学科准教授、2013年同教授。あいちトリエンナーレ2010、2013、2016には、アーキテクトとして参加。

審査方式｜3月3日（火）・4日（水）

● プレゼンテーション

前半と後半に分けて、巡回する審査員に対し、全ての出展者がプレゼンテーションを行います。
ここでは審査員による質疑応答は禁止します。

● 質疑応答タイム

プレゼンテーションで気になった作品を審査員が見て回り、質疑応答を行います。

● 表彰

審査員により、これまでの審査を踏まえ、各賞が選出されます。

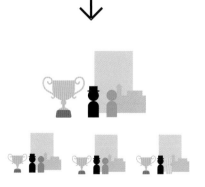

The 1st day
NAGOYA
Archi Fes
2020

2020年3月、日本列島はかつてない脅威にさらされた。
中国・武漢を起源とされる新型コロナウイルス感染症（COVID-19）の蔓延だ。
各地でイベント中止のニュースが続く中、NAGOYA Archi Fes 2020も開催そのものが危ぶまれた。
予定していた審査員の変更など、直前まで変更と調整の繰り返し。
それでも実行委員は万全の策を練り、無事に開催にこぎつけることができた。
こうして迎えた1日目。会場ではマスクが配布され、消毒液が設置されるなど、
例年とは違う体制、雰囲気の中スタートした。
人が密になる状態を避けるべく、ディスカッションなどの時間を割愛。
それでも大きなトラブルもなく、厳正なる審査を経て、最優秀賞1点、個人賞3点が決まった。

Presentation,Question and Answer Session

The 1st day
プレゼンテーション & 質疑応答

[大竹敏之賞（1日目）]

Project

妻籠舎

─木造小学校校舎の意匠を活かす廃校舎の活用─

ID109

糸岡未来 Miki Itooka

[信州大学]

P.078→

💬 ID109 糸岡未来

×大竹敏之先生

大竹　実測したということですか？

糸岡　はい。現地に何回も行って各場所を実測して調査しました。

大竹　長野の学校にしたのは何か理由があるのですか？

糸岡　出身ではないのですが、今長野県に住んでいます。そこで、分校などで廃校になった木造校舎が今もたくさん残っていると知り、それを生かさないともったいないと思い着目しました。

大竹　実際の校舎数ははっきりとは把握していませんか？

糸岡　県に問い合わせたところ何も把握されていなかったので、各自治体や教育委員会などあらゆるところへ問い合わせをしたり、また実際に調査に行ったりして把握しました。

大竹　妻籠に決めた後、現地には何回ぐらい行きましたか？

糸岡　8回ぐらいです。

大竹　現状を把握できていないというリサーチ部分が面白かったので、どのように行ったのか改めて教えてください。

糸岡　まず、県の教育委員会に電話をしました。すると県の管轄している学校は4校しかありませんでした。廃校になってしまうと教育委員会では資料を保管しなくなり、あとは地域の人に一任するということになるからだそうです。次に全市町村の教育委員会へ問い合わせ

をすると、ある程度はわかりましたが、それでも把握しきれず。その後、ちょうど1900年代に発行された木造校舎の写真集のようなものを発見しまして、そこに載っている校舎を全部ピックアップし、自治体へ確認しました。現存の確認がとれたものは住所を聞き現地へ行きましたが、住所がわからないものはGoogleマップなどの航空写真で確認し、場所と現存しているかを調べました。その後、それぞれ現地に行き特徴を見ていったという流れです。

大竹　校舎の周りの人にヒアリングはされましたか？ 印象的だった言葉はありますか？

糸岡　中学校と小学校を合体していた校舎が、小学校のみ使用されるなど2度ほど用途が変わっていました。実際に校舎を使っていた方のほとんどが大人の方ばかりでした。校舎は平成8年に廃校になっていて、現在全く使われていないため古い部分だけを先に壊すなどの計画もあるようですが、それではこの校舎の良さがなくなってしまうと、愛着を持っている地元の方は残念がっていました。今は、外国の方も含め観光客も増えていますが、この校舎を使って何かしようなどといった提案もなく、なかなか注目されないので、街と一緒になってこの校舎を使っていけたら良いと思っています。

×稀温先生

稀温　真ん中に新しい建築をつくるのですか？

糸岡　模型自体は既存の模型です。この小学校は少し変わっていて、元々RCの塔が挟まっています。

稀温　ここはたまたま、木造、RC、木造になっている？

糸岡　はい。これはつくられた年代の関係で他の部分が古く、ここは後に追加されて建てられたものです。そのため年代がわかりやすいということもあり、この校舎を選んでいます。

稀温　なるほど。空間的には新しいものをドンと建てるのでも大改修するのでもなく、元々あったものをつくり直すのですね？

糸岡　はい。元々あったものとその周りを変えています。特徴的な部分を中心にその周りから変えていくという感じで考えました。

稀温　わかりました。古くつくり直すというのも必要と。新しくつくるけど、古くつくり直すということですね。

×三宅博之先生

三宅　真ん中の部分は新しいところなんですか？

糸岡　校舎が2回にわたり改修され、元々建てられた校舎のこちら側が古い部分で、ここから先がその後に付けられた部分になります。中学校の校舎と小学校の校舎が併設されていたので、それぞれの意匠のスケール感がわかりやすいということもあり、この学校を選んだという経緯もあります。

〔稀温賞（1日目）・三谷裕樹賞（2日目）〕
Project

「消費」と「アイコン」の関係変容から構築される新消費ん
—誘発の殿堂　メタ・モルフォーゼ—

ID117

山崎晴貴 Haruki Yamazaki
〔金沢工業大学〕

P.082→

💬 ID117 山崎晴貴
×稀温先生

山崎　これはガソリンスタンドの車のショールームです。車が入れ替わります。ガソリンスタンドなんですが、車を一台売っている。そしてこれはセレクトショップです。タバコの匂いがする喫煙所では、フレグランスを売っています。

稀温　面白いですね。これアートの企画の時にやってみたらどうですか？ 一つのパートを収縮して見せる方法でも良いと思います。

山崎　これは、回転寿司屋と見せかけた華道教室です。

稀温　華道教室! 回転するの？

山崎　そうです。これは回転寿司のオーダー制というものに問いかけたいと思いました。今、回転寿司で回転してくる寿司を取りますか？ 実は取らない人のほうが多い。

稀温　注文しちゃうからね。

山崎　回転寿司のオーダー制というのは、インタラクティブではないためにできたもののはずなのに、今ではオーダー制がインタラクティブになってしまっている。こちらは魚の旬と鮮度に掛けており、華道も流派があるので、自分で花が選べます。でも、ここでは回っているものしか選べない。そこにおいて自分がどうつくるか。もう一つ、寿司屋の生け簀が存在します。しかし魚は売っていない。売っていないけれど生け簀はある。なぜあるかというと、上の牛丼屋の釣り堀のため

です。魚を泳がしておく。

稀温　牛丼屋で魚が出るの?

山崎　はい。吉野家さんなどの牛丼屋というのは、元々サラリーマンが食事の時間を短くするために「待たせない」というビジネスになっていますが、ここでは「待つ」という釣りの時間を楽しむ。

稀温　なるほど、この地獄のようなところは何ですか?

山崎　そこはスーパー銭湯です。

稀温　ははは! スーパー銭湯!

山崎　ここでは何を行うかというと「入れ墨」、「タトゥー」、「髪染め」と「整形」です。

稀温　本来やってはいけないことをするのね。

山崎　はい、そうです。お湯のはっていないお風呂の、サウナの個室で整形をするとか。

稀温　わかりました。サウナの個室で整形ができるのね。何かこれは話しておきたいというプランはありますか? 美容室だったりお洋服屋さんだったり。

山崎　美容室は盆栽教室です。

稀温　盆栽教室ね。

山崎　そこではお客さんとの切る、切られるの関係を皮肉に表現します。お客さんが切られに来たのに盆栽を切っているみたいな。

稀温　その椅子に座って盆栽を切る?

山崎　はい、剪定します。本来なら美容室は衛生法によって全部囲わなきゃいけないのですが、天井が抜けています。ここも同様に、コインランドリーになっています。ティファニーアンドコインランドリー。

稀温　見えているよ、コインランドリー。

山崎　そこにはジュエリーが置いてあります。そのコインランドリーの蓋を開けるとジュエリーが見られる。百円ではなく、百万円札まで入れてやっと蓋があきます。

稀温　洋服屋に見えるものは?

山崎　あれはユニクロに見える弁当屋です。

稀温　弁当屋なの!?

山崎　ユニクロはこのように服のグラデーションが綺麗に並んでいるだけ。一什器に対して一つの商品、マネキンを見たらその下の欲しいものを見て、ベーシックアイテムを見て、そのカラーバリエーションを選びサイズを選ぶ……というとても簡単に服が買えるビジネスモデルです。しかし、服を買うのは悩まないけれど、弁当を選ぶのは悩むということになった時に、なぜユニクロで弁当を悩んでいるのか。今までユニクロで悩むことはなかったなということを体感できるのではないか。その販売戦略というものをつくっています。

稀温　でもここでは弁当を売っている?

山崎　そうですね。マネキンの服が「洋風」などに分かれ、そこに弁当が並ぶという。

稀温　実際のビジネスでもあるのですが、本が包んであり、"こういう時に読みなさい"と書き添えて販売する「覆面文庫」は知っていますか?

山崎　知っています。

稀温　なんかそれと同じイメージで、弁当を買いに来た時に、"こういう時にはこの弁当"って言われているみたいな。

山崎　メッセージ?

稀温　そうだね。今から仕事という時に、椅子に座るの? 車で食べるの? という質問に答えると弁当が出てくるとか。

山崎　いいですねそれ。面白いですね。

稀温　はい、わかりました。あなたはもうやってみなさいという感じ。面白そう。一個ずつのユニットでも良いと思う。1パーツごとのアイデアが面白い。実は建築としては弱いのかもしれないけれど、パーツパーツで切り離し、連作にしていったら良いのかもしれない。連作で、空いている商店街に対してあちこちの町でやり続けるとか、一つの商店街の空いている場所でやり続けるというような感じでやったら面白いかも。やってみよう。

［三宅博之賞（1日目）］
Project
水際の系譜
ID139
佐賀恵斗 Keito Saga
［金沢工業大学］

P.086→

💬 ID139 佐賀恵斗
×大竹敏之先生

大竹　金沢の大野町。ゆかりのある場所ですか?

佐賀　いえ、ゼミのプロジェクトで一度携わったことをきっかけに卒業設計に持ち込んでいます。

大竹　元々はゆかりがない場所ですね。このプランをつくるにあたって、現地に何回くらい行きましたか？

佐賀　一年間通して通っていたので、数え切れないです。

大竹　どういった人に話を聞きましたか？

佐賀　漁師の方々と、この街にいる人々。この二者に対立が起こっているのでヒアリングをしたところ、漁師の方も街の方も、「昔は賑わっていた」や「今の大野の町には何もない」という話をしていました。自分はそうではないと思っていて、大野にしかない特殊なスケールや、大野にしかない場所というのを強く訴えるためにこのようなモニュメンタルな形を提案しました。

×稀温先生

稀温　これは新しく建築物としてつくる？

佐賀　そういうことです。

稀温　木で？

佐賀　木です。

稀温　すごいダイナミックね。こっちは南を向いているのね。生業として漁業のことをやる？ 生活の場所？ 観光とかではない？

佐賀　観光とかではないです。あくまで市民のためにやろうとしています。なぜこのようなダイナミックな形を提案しているのかというと、市民にヒアリングしたところ、「自分の町に何もない」とか、「自信がない」という声が多くありました。だけど、自分はそうではないと思っていて、大野には生業がもたらしてくれたものや、ここにしかない場所があって、それを大野の人たちが自覚していないような気がしました。それを強く訴えるためにこのようなモニュメンタルな形を提案しています。

稀温　話し足りないところがあったら言ってください。

佐賀　自分が生み出したい風景というのは、例えば漁業組合がここを占拠しているから組合の人を追い出そうという話ではなく、今あるものをすべて肯定してから、何かその街の風景の在り方のようなものをつくりたいと思いました。街の人とその漁業組合の間に起こっている齟齬を、その場所を使ってどう解決するかという話をした時に、漁業組合の管理体制を変えるとか、漁業組合が行っている生業のようなものが風景として消化されるということをしています。

稀温　今実際に問題のようなところがあるわけだ？

佐賀　お互いの間で妥協し合っているという感じですが、上手く使えていないように感じています。漁業組合の人たちがとても大きいスペースを占拠している訳ですが、実際使っている範囲というのはそこまで大きくない。

稀温　わかりました。何もしていない時も大きいものがオブジェのように存在しているのね。きっとこれを撮りに来る人がいると思うけど、そういった何か自慢できるようなものをつくりたいということですね。ちなみに後ろに控えている住宅は普通の住宅なの？ ここからそちらに行く間のつながりや何か柵のような物があってもいいような気がするけど。

佐賀　柵というのは？

稀温　例えばここが道路だとわかるガードレールのようなもの。

佐賀　平面上では一応計画していますが、表現していないです。つながりの話でそこの補足をするのであれば、建物の置き方にちょっとしたルールがあります。例えば既存の住宅があるところは、提案する建築が建っていません。逆に空いているところに建築が建っているというスタンスでやっています。なぜかというと、その家の人たちが川に

向かって伸びる方向と、今いる漁業組合の人たちが街へ活動を伸ばしていく方向を、同時につくり出したいと思い、こういうルートを使っています。

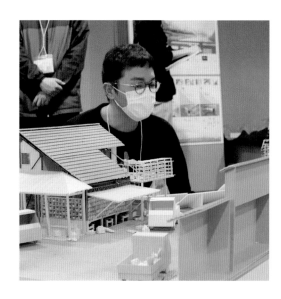

×三宅博之先生

三宅　これは何mくらいですか？

佐賀　ここで150mあります。もう半分あります。全体で波が6つあるような状態です。廻船問屋が連なっていたところまでを対象敷地にしているので、300mにしました。

三宅　新鮮な形だね。

佐賀　こういう形を提案しているのは、大野の町をどう捉えているのか町の人にヒアリングした時に、大野の町は何もないとおっしゃっていたので、自分はそうじゃない、この町にしかない特殊な大きさであるとか、町にしかない空間を訴えるためにこの形を提案します。

三宅　この辺は？

佐賀　文字を入れていませんが、機能としては、今既にある漁業組合の荷置きの場所と漁業組合と市民を関係づけるための市場という機能と、後は食堂という機能……。

三宅　ここは？

佐賀　他にも、海でとれた魚を街の人たちが自分で調理して食べるという意味で、バーベキューセットを貸し出す場所と、食べる場所もあります。機能としては、それほどバリエーションはありませんが、建築の建ち方を重要視しています。

三宅　屋根の上に登ってもいいのですか？

佐賀　登れる場所と登れない場所があります。

三宅　スケートボードをしたい人はいそう。

佐賀　学校の講評会でも言われました。やっても良いと思います。そのように使い方が開発されるというのは、自分の中ではすごく幸せなことです。どんどん使い方が開発されていくなら、それはそれでありだと思います。それも風景ですし。

三宅　自転車で走っちゃう。この辺はスケッチ？

佐賀　はいそうです。提案の時に考えたスケッチと敷地調査のスケッチが混在しています。

三宅　なるほどね。
佐賀　もっと大きく示せば良かったです。
三宅　いいよ。上手だよ。

［最優秀賞（1日目）・島田陽賞（2日目）］
Project

Art Hacking Complex

ID175

池本祥子　Shoko Ikemoto

［名古屋市立大学］

P.054→

🔊 ID175池本祥子

×大竹敏之先生

大竹　斬新だったということと熱意を感じられました。専門家の人にもいろいろ話は聞いているのですか？「美術品の収蔵」というのが大きなテーマですよね？

池本　そうですね。一番面白かったのは、セントレアの税関の方に聞いた話です。あいちトリエンナーレがありましたので、守秘義務がとても厳しくなり美術館は全然教えてくれませんでしたが、税関の方はたくさん教えてくれました。一番印象に残ったのが、空港の中で税関を通さずにさまざまな展示会を開きたいとセントレアの方が言っているという話でした。それができずに悩んでいて、その話が税関にも伝わって来ている。できない原因は何かというと、場所や保管スペース。要はスペースがないからできないのだと。そういった協議が実は裏ではあるということでした。それは、建築的提案で解決できるじゃないですか。そういった背景があって提案をしています。

大竹　先にヒアリングし、その解決策として提案されたということですか？

池本　こういうのがあったらいいなとなんとなく思い浮かべていたのですが、税関の方との話で、実はセントレアでも同じことを考えているということを聞き、意見が合致したという形です。

大竹　他にどんな方に話を聞きましたか？

池本　骨董品を扱っているギャラリー経営者に聞きました。その方は、今流行りの美術館というのは地域密着型の美術館で、その土地にしかないものというのが流行りであると。でも、実は過去40年間を見ると、とある地域密着型の美術館でも40億円の赤字を出している。名古屋などの地元企業の人たちは、地域密着型の美術館を建てたいと公言しているがそれが現状に合っていない。そこは皆が知らないところだということを聞きました。また芸大卒の人は日本のコンペには出さずに海外へ行ってしまう。日本のアート業界というのは世界市場を見ると遅れているので、だからこそ世界とつながるような美術館が必要だと。それならば、やはり空港にあったほうが海外との風通しが良くなるということもあってここに建てました。

×稀温先生

稀温　発送所でもあり、見える収蔵でもあり、運んでいる途中もアート作品を見せてしまおうという提案でよいですか？

池本　そうですね。例えば海外のコレクターがこの収蔵庫に作品を保管、イベント時には取り出す。そして、パスポートチェック後に美術館へ入ることができるのですが、来場者に対する入館料といった管理収益で管理料がちょっと安くなるというようなシステムがあれば、海外からたくさん作品が集まるし、海外のいろいろな空港やその近くに美術館ができたら実質送料だけでアート作品のやり取りができるじゃないですか。

稀温　誰かにここに素敵なアートを預けてもらわないといけないですね。

池本　そうですね。だからここは預けて大丈夫だというようなブランド力を持つ施設になったら楽しいと思います。

稀温　この小さいユニットの中にアート作品が入っている？

池本　そうです。この一つひとつのボックスが収蔵庫だったり、修繕室だったり、一つの機能になっています。

稀温　それはある程度大きなボックスもあるし、小さなものもあるし……連結できたりしますか？

池本　例えば、こういうところは連結しています。

稀温　広さを調節することは可能なのかな？

池本　通常の美術館にもあるように、壁を変えるなどの工夫があります。

稀温　セキュリティはどうなんだろう？

池本　セキュリティについてはレベルで分けています。

稀温　高いものはよりセキュリティ強化されているところとか？

池本　まず、一番下の地面レベルからここの層は物流センターのような機能を持っています。真ん中は主動線で、裏方の人がよく通るような動線。ここは一般の人が通ることができ、パスポートチェックをした人だけがこの中を通ることができるようになっています。チェックを

受けていない人、空港のターミナル間を移動する人はこれより4m上がったところの連絡橋を通り、ターミナル1から2へ移動します。そこの上から見ることができます。

稀温　なるほど。

池本　一番上の層は大きいボックスが多く、長期的な保管を目安にしています。特に大型作品を保管したいと考え、また長期的な保管なので他とは比べて入れ替えが少なく、自由にいろいろな人が通れるようになっています。

稀温　収納はされているので普通の人が美術館で絵を見るように、展示した状態で見ることができるということですか?

池本　これは、収蔵庫から定期的に現実空間に作品を取り出して見ることができますという感じで、常にというよりも時期によって、それぞれさまざまな展示に切り替わるというのを考えています。

稀温　では、ここにあるもの全てが見られるわけではないということですね? でも収蔵している途中だから、そこで見せたっていいのではないかということですね?

池本　そうですね。この作品をつくる時に私がとても疑問に感じたことがあります。ギャラリーはじめ税関や美術館の方などにリサーチした時に、「何か困っていることはないですか?」という質問をしました。すると、「既存の決められた制度やシステムに従って行っているので、特に困ったことはないし、変わったこともありません」と、皆さんが口をそろえておっしゃられ、少し疑問を持ちました。確かにルールに従って不便なこともなく、効率が良いのかもしれませんが、そこを皆が疑っていないことが少し変だと思いました。ですから、ブラックボックスという、便利で成立しているところだからこそ、皆が変えようとしないところを切り込みたいという気持ちがあってこの作品をつくりました。

稀温　わかりました。とても良いと思います。このプラン、実現してほしいです。見てみたい。

×三宅博之先生

三宅　複雑だね。

池本　複雑ですが、第1ターミナルから第2ターミナルへ行く時のムービングウォークの動線を取り込んでいます。この動線はまっすぐパスが1本貫いていて、奥に海が見えるようになっています。その周りの動線に複雑に収蔵庫が絡み合うようになっていて、裏方の動線が見えたり、収蔵庫の中が少し見えたり。パスポートを持って入ると作品が見られるという仕組みになっています。

Awards Ceremony

The 1st day
表彰式

🏆**最優秀賞** 　　**ID175 池本祥子・『Art Hacking Complex』**

大竹敏之賞 　　ID109 糸岡未来 　『妻籠舎－木造小学校校舎の意匠を活かす廃校舎の活用－』

稀温賞 　　　　ID117 山崎晴貴 　『「消費」と「アイコン」の関係変容から構築される新消費ん
　　　　　　　　　　　　　　　　　－誘発の殿堂 メタ・モルフォーゼ－』

三宅博之賞 　　ID139 佐賀恵斗 　『水際の系譜』

	ID107 原田秀太郎	ID109 糸岡未来	ID117 山崎晴貴	ID128 宮原美佳	ID139 佐賀恵斗	ID141 高橋真由	ID171 伊藤謙	ID175 池本祥子
大竹敏之		2				1		3
稀温	2		1					3
三宅博之				1	3		2	
合計	2	2	1	1	3	1	2	6

※各審査員で1位（3点）、2位（2点）、3位（1点）を選んで投票

村上　審査の内容は、後ほど講評で審査員の先生方から話されますので、審査の流れについて説明します。第1位の作品は2人の審査員が選び、もう一人の審査員は別の作品を1位として選びました。この投票結果からそのまま最優秀賞とするのは避け、審査員の先生方から各々投票された理由を説明いただき、ディスカッションを行いました。結果的には点数通りに最優秀賞が選ばれましたが、個人賞の選定には、投票作品とは関係なく、可能性があるとご自身が感じられた作品、また、ご自身が評価したいと思った作品を1点選んでいただきました。審査員の先生方が各々どのような評価基準で選んだかについては、それぞれの先生より発表いただきます。

大竹　私は雑誌や書籍のライターなので、審査員の中で一番建築の専門外となるので、どうしようかなと思っていたのですが、皆さんと話をしているうちに取材力というのを評価基準として選ぶことに決めました。建築などは人が住むところですから、当然人の想いなどいろいろなものを集めないと良いものができないと思います。皆さん比較的にそれを無意識のうちなのか自覚していらっしゃり、現地に足を運ぶことも行っていましたので、それをどこまでしているかを評価基準として、1位、2位、3位を選んだ次第です。

稀温　私も建築の専門家ではありませんが、皆さんがコンセプトをどのように空間や形に落とし込んでいるかを総合的に見させていただいた結果、1位となった作品を推しました。個人賞として選んだ方については、素晴らしいコンセプトの落とし込み方や空間のつくり方をされていた方は他にもたくさんいらっしゃいましたが、あえて明日の建築の先生方が選ばないようなものを選ばせていただきました（笑）。建築にきちんと昇華されている作品については、明日の建築の先生

方が選ばれることを期待します（笑）。私の全体的な感想としましては、皆さんまだ若いのでこんなの無理だろとか突き詰めすぎたようなプランをもっと拝見したかった。反対に、とてもリアリティのある作品や今すぐ実行すればいいのではというプランもあるので、本日の作品資料を持ち歩いて少しでも興味を持ちそうな大人に見せてください。そこから仕事になった実例が19歳当時の私にあります。ぜひそれでのし上がってください。ありがとうございました。面白かったです。

三宅　私は日ごろから建築やプロダクトのデザインの仕事をしていますが、主に店舗系の設計の仕事が多いです。皆さんの作品を一つひとつ拝見したところ、コンセプトが事細かに書かれ、リサーチも細かいところまでされていて、皆さん頑張られているなと思いました。審査についてはデザイナーの立場から見て、形が新しかったり美しかったり、こんなことが思い付くのかと新鮮な気持ちになったものを選びました。ただ、全体的に見て感じたのは、好きでやっているのか、自分が中身にどっぷりはまってやっているのか、他人の目を意識しながらつくっているのかがあからさまに伝わるということです。どっぷり浸かって作品だけに集中していた人は、こちらにもすごく伝わってきます。来年参加される人もですが、形にとらわれず楽しんでやってください。やりたいことをやることで、その楽しさが自然と伝わるのではないかなと思います。ありがとうございました。

村上　審査員ではないので、作品への投票をする機会がありませんでしたが、せっかく全員拝見したので、サプライズで村上賞を発表します。僕が賞に推すとしたら、ID103（皆戸中秀典）、ID 105（山本和貴）、ID 108（河野哲也）、ID 119（名倉要）、ID 134（杉山莉奈）、ID 139（佐賀恵斗）、ID 141（高橋真由）、ID 147（大田弥憲）、ID 158（大崎拓実）、ID 175（池本祥子）、ID 176（半澤龍）です。明日も頑張ってください。

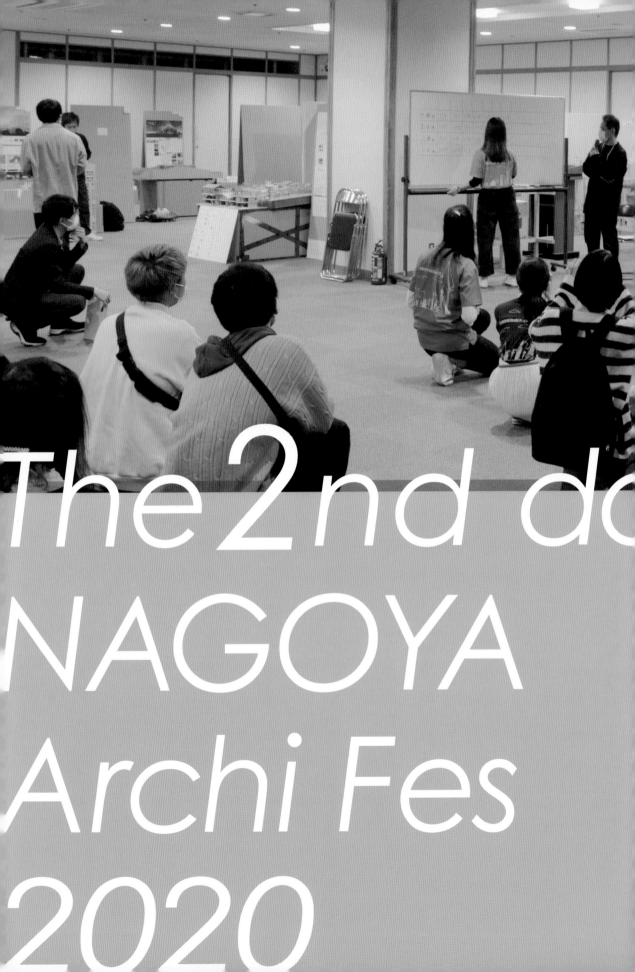

The 2nd da
NAGOYA
Archi Fes
2020

y of

2日目は本来ならば、ファイナリスト選考の上、公開審査が行われる予定だった。
しかし来場者が密になる環境を避けるため、1日目と同様、
出展者のプレゼンテーションと質疑応答の後に選考へと進む形式に。
静寂から始まった2日目だったが、徐々に会場のボルテージが上がっていき、
審査員長の内藤廣氏の提案で、急遽、ソーシャルディスタンスを確保した上で
公開審査が行われることとなった。
活発なディスカッションが行われ、審査員の得票数により賞が決まりかけるも、
最終的に各自が1位に推薦したい作品に1票を入れる形で決着。
当設計展史上、類を見ない波乱含みのイベントは、
実行委員、出展者、審査員などの努力により、有終の美を飾った。

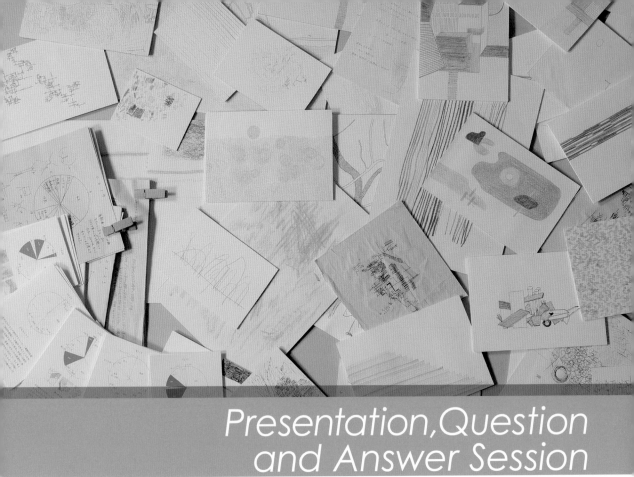

Presentation,Question and Answer Session

The 2nd day
プレゼンテーション & 質疑応答

〔優秀賞（2日目）〕

Project

見えない壁をこえて
―ハンセン病を辿る資料館―

ID107

原田秀太郎 Syutaro Harada

〔名古屋市立大学〕

P.066→

💬 ID107 原田秀太郎
×内藤廣先生

内藤　場所は?

原田　熊本の菊池恵楓園というところになります。まず、ハンセン病ですが、実際はかなり感染力が低く完治できる病気です。しかし、1907年の隔離政策によって差別や偏見が生まれてきたという過去があります。その時に建てられた療養施設です。入所者数はどんどん減少していき、20年後にはいなくなると考えられます。そこに提案として、そのハンセン病患者たちが受けた痛みを、資料の展示だけではなくて、建築で残して伝えていくことはできないかと考えました。菊池恵楓園には、このような患者と一般職員を分ける隔離壁というのが設置されていました。この隔離壁に沿った大きな2つの性質を持つ資料館を提案します。

内藤　隔離壁は?

原田　これになります。まず1つ目の性質ですが、開所時の1907年に設定して、ここを未来と見立てて、入所者数推移をスロープ状にとりました。2つ目の性質に、地下通路と12個の空間ですが、地下通路は－5mの位置を、患者側と一般職員が行き来するように交互に結び、全国13か所のハンセン病療養場を納骨堂を始点として結んでいます。その交点が生まれた12個の空間は、ハンセン病患者の

中で12個の出来事を抽出して空間化した計画になっています。この計画によって差別や偏見の壁を超えた先が見えることを期待しています。

内藤　これは既存で、実際にこういう場所があるということ?

原田　現在は隔離壁が取り壊されています。

内藤　こんな深いところまであるの? そうではないよね?

原田　ここで実際2mの隔離壁が建っていました。

内藤　実際そうだよね。だからこれは君が計画した壁だよね?

原田　はい、そうです。位置としてはここにありました。

内藤　位置はここだけど、こんなに深くしたのは君の考え方だね。それでようやくわかった。なるほどね。そうするとこの壁は隔離というのをより象徴的に現す壁としてつくったと。これはオープンスペースなの? 芝生?

原田　元々は医療施設があったのですが、20年後に不要になると考えたので、タイルとして影を残すような計画になっています。

×島田陽先生

島田　うん。非常に美しいし、力のある提案だと思います。気になるのは、ダニエル・リベスキンドの「ジューイッシュ・ミュージアム」の方法論と同じではないかで、少し気になります。参考にしていない?

原田　はい。

島田　なるほど。図像的なことと精神の痛みのようなものと数字というのを深さで表したいというのは、割と似ていて、それ自身は悪いことではないけれど、少し気になるところですね。慰霊的な意味があるのですか?

原田　そうですね。例えばここだったら無癩県運動（むらいけんうんどう）が盛んになったという、そういう出来事を空間化したような。

島田　ほぼ地下にあって、地上にあるのはこれだけ?

原田　全部−5mの地下空間になっていますね。

島田　じゃあ地面はどこ?

原田　ここは地面になっています。

島田　ここが地面? なるほど。わかりました。

×三谷裕樹先生

三谷　その隔離の壁は元々あるんだよね?

原田　そうですね、地面から2m出たところで設置されていたのですが、現在は壁はもう取り壊されていて復元した形になっています。

三谷　こんなのがあったなんて全然知らなかったけど、それを行ったり来たりしながら……平面を見たほうがいいのか……これは何ですか?

原田　これは遺族に骨を引き取ってもらえない患者さんが1,333人いらして、今は納骨堂に眠っていますが、それを追悼するような意味で隔離壁全体に開口を開けました。

三谷　肝心な内部の空間の話はあまりできていなかったなと思ったんだけど?

原田　12個の出来事を赤文字で抽出しています。例えば監禁室が設置されたという出来事でしたらこれになりますが、実際に牢屋のような監禁室に閉じ込められていたのでこういう空間にしました。もしこちらであれば、患者がここで労働をしていました。この時に亡くなった、この時に差別から解放されたというイメージでつくったのですが、その次の2003年に黒川温泉という温泉で、宿泊拒否問題というのが起きまして、かなりまだ差別は続いていたのです。この光は、差別を

なくすのはまだ遠かったという意味です。

三谷　他にはないですか?

原田　所内では偽名を使って生活することが多かったそうです。本名を使うと家族にも差別が広がってしまうので、偽名を使わないといけなく、ここでは裏の自分と本当の自分を、暗い所と明るい所で象徴的に表現しています。

三谷　最後に、これをつくろうとしたきっかけは?

原田　まず敷地ですが、こちらに行くと自分の祖母の家に行きます。ここは本当に木が生い茂っていて、ずっと森にしか見えていなかったのですが、ある時、親からこういった施設があるんだよというのを聞いて、そこですごく衝撃を受けました。

三谷　何か貢献できないかという、そういうことだね?

原田　それを考えて、この施設について調べていこうと思いました。

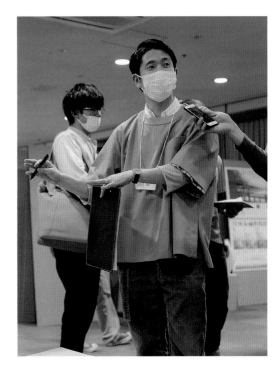

×近藤哲雄先生

近藤　モニュメントってことかな?

原田　そうですね。

近藤　この元々あった壁というのは本当にこのままなの?

原田　現在は取り壊されているのが、こういう形でありました。

近藤　これはなんですか?

原田　これは1,333開口というのですが、遺族が骨を引き取らず納骨堂に眠っている患者の遺骨が1,333あり、その患者の思いを刻むように隔壁全体に刻みました。

近藤　少し重い感じだけど、力強い提案でいいと思います。こういうモニュメント系の提案は、設計の基準が普通と違うと思うので評価が難しいところもあるけれど、説得力のある良い提案だと思います。

×武藤隆先生

武藤　「12個を始点として」というのがよくわからないです。

原田　全国に13ヶ所の施設があり、そこに納骨堂があるのでそこを始点として、この菊池恵楓園へ結ぶということです。

武藤　軸線を引くということですか？

原田　はい、そうです。

武藤　大島の青松園というところはよく知ってるのですが、あえてなぜここなのですか？

原田　僕の祖母の家がここにあり、この施設の存在を知りました。

武藤　地元に近いってことですか。すごく良い提案だと思うし、全国も含めて、ここに凝縮しているということも面白い提案だと思うけれど、逆にハンセン病は地域との関係を閉ざされていたということなので、本当にここにつくるべきだったのか。他の地域の人はそもそも隔離されていたのに、ここでまた隔離されていくのか。ハンセン病の意味をどう捉えていくのか。隔離的、離れてしまう、集めてしまう、というものはすごく難しい問題だけれど、頑張って解いていると思います。

原田　なるほど、わかりました。

武藤　もう少しじっくり聞きたいのが、全国に点在しているものがそれぞれ、どこにあったものかという。

原田　全国の納骨堂を軸としてとっただけで、全国の感染療養所をここに集約しているわけではないです。

武藤　今この点々としているそれぞれの空間はどういう空間になるの？

原田　この赤文字で書いてあるところですが、起こった出来事や歴史です。例えば監禁室が設置されたとか火葬場が建設されたとか。例えば監禁室だったら、本当に牢屋のようにしてあったのでそういう空間にするとか、所内では偽名を名乗らなければいけなかったので、本当の自分と裏の自分みたいなのを表現している空間にするといったことをしました。

武藤　では今のここの壁、壁と言っていいのかな、隔離壁の両側にある空間というのはこの施設の時間軸に合わせたエポックが象徴的な空間になっていると。なるほどね。ちょっとそこを誤解していました。この空間づくりとして、他の施設のオマージュとして、この軸線は引用しているけれども、この空間そのものはここの施設で起きたことだけが表現されていると。

原田　入所者数も全国の入所者数ではなくて、ここの地区の入所者数をたどっています。

武藤　そこもちょっと誤解していました。なので、ひょっとすると隔離壁というのは、この施設だけにこのラインがあったということですよね。

原田　そうですね。隔離壁があったのは全国でも稀なケースです。

武藤　この考え方で、他の療養所でもつくれるのかなと思ったんだけど。この壁がないと成立しないってことだよね。

原田　そうですね。他のところは隔離壁が無く、有毒無毒地境界というのは設置されていたのですが、実際に隔離壁があった場所はここしかありません。他で再現するとなると、ちょっと難しいかもしれないですね。

武藤　島で海岸線を使ってというようなことになってしまうね。

原田　そうです。

武藤　この断面の深さと、入所者数がリンクしているその単位は一人当たりどういう単位？

原田　一人当たりというのは考えていなくて、マックスを－15mというように設定しました。

武藤　では最大値が15mでそれと比例させているということ？

原田　はい、そうですね。

武藤　ちょっと誤解していたのが大分わかりました。実際に来た人は自由にめぐっていいの？

原田　詳しく説明すると、まず全体計画というのを考えています。全体計画では保存施設があり、教会などそういったところをめぐっていただく公園のような設計になっています。資料館には、駅を降りて動線を進んでもらうと、最後にこのコンクリ壁をたどるような追悼の場のような意味を込めています。

武藤　では行きがジグザグで、帰りが壁沿い。

原田　はい。

武藤　だけど、壁沿いの時間軸はさかのぼるってこと？

原田　そうですね。行きはその溝に出てくるギザギザした地下の通路を歩くことでハンセン病の歴史を辿るのですが、帰りは過去をさかのぼるという体験になっています。

［稀温賞（1日目）・三谷裕樹賞（2日目）］

Project

「消費」と「アイコン」の関係変容から構築される新消費ん
──誘発の殿堂　メタ・モルフォーゼ──

ID117

山崎晴貴　Haruki Yamazaki
［金沢工業大学］

P.082→

💬 ID117 山崎晴貴
×内藤廣先生

山崎　このプロジェクトを通して、今の私たち消費者の消費行動、消費に関する考え方、考える機会をつくれたらと思います。そして消費者に新たなコンテンツとの出会い、商品やサービス、時間、場所、それらの本質と向き合い新たに興味を持ってもらう。そのようなことをしたいと思っている。また、私たちが今、消費している服や靴、食べ物、そういうものの何が自分の基準となっているのか。例えばルイ・ヴィトンはコピー商品が世界に流通している。しかし、ルイ・ヴィトンが元々バッグ店の高級品で、そのレザーの本質や品質をコピー商品が持っているかというと、持ってはいない。けれども、ルイ・ヴィトンのコンセプトである、"旅"というストーリーを消費者は知らないが、それを消費している。本質は変わらないまま、コンテンツ自体から遊離してしまっている。そのような社会が存在している。

内藤　それで、何をしたの？

山崎　はい、そこで私は"マスクチェンジ"という手法を取り入れました。これは造語です。その都市のイメージが強い建築に対して違うプログラムを介入させる。例えば工事現場に茶室を入れる、それによって差異を生み出しそれが何かを生み出すキッカケになるのではないかと考えています。またAmazon等では、おすすめの商品など、欲望の選択肢がどんどん誘導されていく。そこにおいて自分が今一番欲しいものは何なのかということを、そういう機会を見出す必要性があるのではないかと考えています。

内藤　要するに、物の価値の読み直しということで私は理解したけど、よろしいかな？

山崎　はい。これはパチンコ屋ですが中は本屋です。ギャンブルと文学、一見反しているが、時間を潰すという概念は同じです。

内藤　パチンコ屋だけど本屋？　もう少し説明して？

山崎　パチンコ屋さんに見えるが、本が入っている。中が本棚になっている。ジャンルがバラバラで、新台交換の日には台がどんどん変わり、今日はこの台が熱い……。

内藤　やんちゃな感じがなかなか良いですね。

山崎　これはガソリンスタンドとショールームです。ガソリンスタンドは車がバンバン入れ替わるのに対して、（ショールームは）車が滞在し続ける。これはウォーターサーバーになっています。これはガソリンを入れるものです。

内藤　どこがどうなっているのか具体的に説明してください。

山崎　これが車のショールームになっています。これがウォーターサーバーになっていて、これがエレベーターでエレベーターホール、これは洗車機。奥のレジがあるところが美容室と見せかけて盆栽教室になっています。お客さんの切る切られるの関係が反転します。これは「ミュージックドナルド」。マクドナルドと見せかけたラジオ局となっています。マクドナルドだったらお客さんがわざわざここまで注文しに行って、ごみも捨てるというシステム。本来だったらそういう飲食店はなかったのですが、これがそういうシステムをつくっている。協力体制的なのは、ラジオにしたらいいんじゃないかと思っています。

内藤　この回転寿司は？

山崎　これは華道教室になっています。この寿司のレーンから最近取る人が少なくなっているのではないかと思い、この存在価値はインタラクティブじゃないと思いました。

内藤　華道教室はどういうこと？

山崎　これは寿司の旬と鮮度、花の旬と鮮度のようなものを掛けています。また花を自由に選べなくする。この限られた中でどうつくるか。寿司屋だけど生け簀。寿司は売っていないけど生け簀がある。なぜあるかと言ったら、上の牛丼屋さんが釣り堀になっているからです。ここは牛丼屋さんで通常は待ち時間が少ないシステムですが、あえてそこで待つという、時間を楽しむ釣りをする。

内藤　こっちは？

山崎　ここはスーパー銭湯になっています。ここで何をするかというと、タトゥーを入れる、整形、髪染め。銭湯で禁止されていることを、ということですね。ここはシャンプー台になっていて、ここは吹き抜けで抜けています。これが「ティファニーアンドコインランドリー」。コインランドリーですが、ジュエリーショップとなっています。コインランドリーは簡易的な100円玉を入れて開けますが、ここに100万円札を入れて

やっと開くみたいな。

内藤　なるほど。

山崎　これはクラブ神社です。真っ白なアイコン性でなんとなくイメージはつくのですが、夜になってクラブが始まると、ここがライトアップされて本当の神社の画像が投影されます。光る神社になり、そこでクラブをやるということです。ここがDJになって、本殿がVIPルームという感じです。あちらのお守りを買うところがバーカウンターですね。これはユニクロと見せかけた弁当屋さんです。ユニクロというのは、ビジネスモデル的に服を選ぶのに時間がかからないように設計されている。マネキンの着ている服を欲しいと思ったら、その商品と同じ棚に同じ商品のカラーバリエーションだけが並んでいる。サイズ違いも。だから普通の服屋さんと比べて悩む時間が少ない。けれどそこで、弁当は悩むよねと。ユニクロでなぜこんなに時間をかけて悩んでいるのだろうという疑惑から、そのユニクロのビジネスの展開の仕方とかをちょっと理解できるんじゃないかと考えています。これはゲームセンターとテーラーです。今はオフィスカジュアルなどと言われて、スーツが不要な人がたくさんいます。スーツが嫌な人も。けれど、パターンオーダーやフルオーダーなどそういうものになってくると、スーツのアオキみたいなフレッシャーズセールとかの情報だけではなくて、スーツ本来の楽しみ方だとか、歴史そのものを知る機会に、もっとフランクになれたらいいなと考えています。

内藤　これちょっと勢いがないよな。

山崎　はい、これはちょっとそうですね。

内藤　この表現は、B級チラシっぽいものを狙っていると思うんだけど、苦労したところは？

山崎　まずはフォントを選んで全部変えていく。店のフォントっぽいのを表現しました。これはユニクロっぽくしました。

内藤　ドン・キホーテっぽい感じもする。

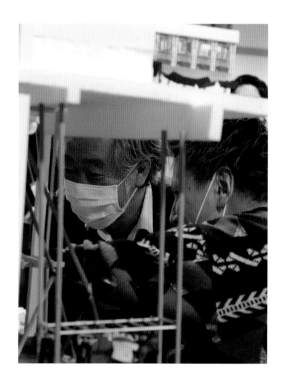

山崎　そうです。それに対して相反する要素と近似する要素をアイコン的に赤と青で表現し、あとこの値段表記をドン・キホーテのデザインに寄せました。広告というメディアが情報を強く出したアイコン的な要素を持っているので、そこをいじっていきたいなと思ってこのようなデザインにしました。

内藤　これは？　敷地はどこだっけ？

山崎　敷地は原宿竹下通りです。行政区画的に原宿というものは存在せず、原宿駅とかは存在します。でも僕らは原宿と言っているけれど、実はイメージという存在でしかない。またそのヤングカルチャーの存在拠点としてのイメージ。

内藤　竹下通りのどこ？

山崎　一応今回はここで設計しました。

内藤　駅はどっち？

山崎　原宿駅はこっちですね。で、ケーススタディとして、消費者が商品をイメージ化しているという現状が一番多いのが日本で、なかでも原宿ではないかと。そこで原宿を選択しました。

内藤　109とかは？

山崎　そうですね。原宿は文化がどんどん新しく変わっていく、変わっていくからこそ、原宿の文化として次に売り出すのに、例えば盆栽とかそういうものが出て来ても面白いのではないかと。

内藤　そう真面目なところに落とさなくてもいいのではないかな。やるなら、ギャグなのだから徹底的に真面目じゃないってことを通したほうが良いと思う。

×島田陽先生

島田　まず、これはリノベに見えるんだけど新築なの？

山崎　今回は新築でやっています。でも、リノベとかコンバージョン、居抜きの新しい手法としても提案できるのではないかと思っています。

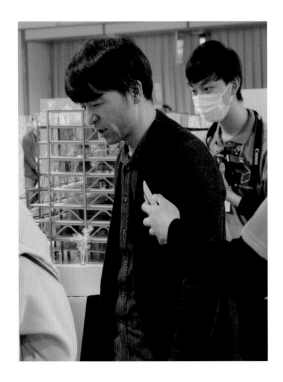

×三谷裕樹先生

三谷　面白いね。面白いことを考えるなと思って見ていたのですが、メタモルフォーゼとはどういう意味だっけ？

山崎　変身です。

三谷　変身か、変身しているのか。変身しているけど、その形は残しながら変身しているよね？

山崎　そうですね。

三谷　インストールを変える、みたいな考え方なのかな？

山崎　はい。

三谷　違う言い方をすると、コンバージョンをしているというか。

山崎　コンバージョンにも使える手法なのではないかなと思います。

三谷　あと何か2、3個面白そうなポイントを教えてもらえる？

山崎　これはガソリンスタンドに見せかけた車のショールームとなっています。ガソリンスタンドというのは、本来車が入れ替わる、けれどもここには同じ車が滞在し続ける。その怪しさから人が惹かれていく。そして、この給油機がウォーターサーバーとなっていて、この洗車機がエレベーターのホールとなっています。そして美容室がありますが、実は盆栽教室もやっております。お客さんを切る場所である美容室で、剪定するという、切る切られる関係が発展する。そして、これは回転寿司屋に見せかけた華道教室となっています。最近はこの回転寿司のレーンから皿を取る人がいないというので、そのオーダーをインタラクティブにしないためにつくったものなのに、逆に今インタラクティブになってしまっている。あとこれは花の旬と鮮度、魚の旬と鮮度がかかっており、華道というのは好きな花を選んでくるが、ここでは回っているものだけで選んでつくる。そして寿司屋ではないのに生簀が存在する。魚が泳いでいる。それは上の牛丼屋の釣り堀となっているからなど、どんどん行動が誘発されていく。

三谷　空間に一応関連性があるんだね。関連性がないと思っていたら……実は隠れているんだ？

山崎　スーパー銭湯が美容室になっていて、そこはタトゥーを入れたり、髪染めしたり、整形したりという。

三谷　やってはいけないことをやってしまうということ？

山崎　はい。天井が抜けている美容室。美容室は衛生法で天井を抜けないはずなのに抜けている。あとは、ユニクロですね。ユニクロに見せかけた弁当屋さんです。ユニクロというのは什器に対してマネキンが一つ。このアイテムはサイズや色ごとに順番に売られている。だから、最短でお客さんが買い物できる。服を買うのに、悩むのが面倒だという人のためにつくられたシステムです。けれど弁当は選ぶのに悩むよねという。そして、なぜここで弁当が並ぶのかと。なぜユニクロで弁当を悩んでいる、なぜユニクロにこんなに時間をかけているのだろうというような怪しい状況が生まれて、そこから、ユニクロではすぐ買い物ができるシステムが構築されているんだなということに気付く。そうやって僕らは選ばされていたのではないかという認識ができる。

三谷　なるほど。既存の仕組みをうまく解体して、それをアイロニカルにやりつつも、しっかりと新しい空間のフックみたいなものを、かなりバランスよく配置してくれていて、それにすごく共感する部分がありました。

×近藤哲雄先生

近藤　スポーツ新聞みたいな駄洒落のオンパレードですね。面白そ

うな感じはするけれど、看板倒れな感じもしなくもない。割と面白そうなことは言っていた気がするけれど、建築学科だから空間に落とし込まないと。まだちょっと修練が足りない気がするかな。

山崎　プログラムの配置をもう少し重視したほうがいいかもしれません。

〔最優秀賞（2日目）〕

Project

線との対話からうまれること

ID128

宮原美佳 Mika Miyahara

〔椙山女学園大学〕

P.060→

💬 ID128 宮原美佳
×内藤廣先生

内藤　理解が深まるように説明してくれないかな？

宮原　そうですね、先ほど建築と空間の話をしましたが、建築には機能やスケールを決定するものが必要で、その必要とする条件を線から引き出すというのは不可能です。ただ、線1本が空間をつくる、創造するツールになっているのは確実だと思います。

内藤　それはつまり、あなたはこれを現実のものに具体的に結びつけるところまでいけていないのかな？ 周りと比較すると、空間のビジョンを提示するようなかけらもないわけだよね。

宮原　ですがその設定した場、空間、状況、シーンを描こうとしています。状況というものは物理的空間ではないものもあるので、その点において、リアルではない空間、だけど実際に存在している情緒空間というものを設計しているつもりです。

内藤　空気とか？

宮原　空気というか、うーん、そうですね。状況でしたり。

内藤　時間だったり？

宮原　そうですね。ですから二次元、三次元というよりは四次元的です。

内藤　これは君のノートなの？

宮原　これは、どちらかというと感情を線で表してみることを最初に試みたものになります。感情を線で表すことを再確認したものです。

内藤　そうすると、今後あなたはどうなっていくのだろう？

宮原　これを始めたきっかけも、線を立体化、建築化したいという強い想いがあったからで、今この段階で建築化はできていませんが、これが直接建築になることはなくても、その建築を考える上で絶対必要な過程です。

内藤　わかるよ、それはすごく大事だと思う。でも今後どうなるの？

宮原　自分自身ですか？

内藤　うん、いや、建築家になりたいの？

宮原　はい。

内藤　このままでいくと、絵本作家になるか詩人になるかだけど、どうですかね？

宮原　建築を考えていきたいです。この卒制では、条件やスケールなどを設定するものが足りなかったと思っています。

内藤　あなたの行く末を心配しているだけで、要するに、最終的には建築には2つの側面があって、1つはフィジカルな面で、地球上の物質を使って1Gの重力場でどう人が暮らす場所を構成できますかという、まあこういう話ですよ。もう1つは、人間はその概念として社会をつくったり、家族をつくったりするわけだから、それにはイメージが伴う。イメージではない物理的な半分、つまり、どうするのかが見えないところを、どうやっていくのかと。いや、テリトリーの考えは、実はすごく日本的な話でね、お祭りをやる時とか地鎮祭をやる時に、四隅に竹をやって、しめ縄を張って、そこにある意味を持たせた時にそれがものすごい強烈な空間になるわけですよね。

宮原　はい。

内藤　で、実際には竹が4本あるだけじゃない。こういう世界に近い。それが、住宅になったり、他の建物になったりすると、もっと複雑になってきて、壁が必要だったりいろいろしていくわけでしょ。建築にこだわりたいというあなたの人生を心配しているだけかな、俺は（笑）。

宮原　ありがとうございます。

内藤　頑張ってください。

×島田陽先生

島田　涙が出るほど感動した建築とは何ですか?

宮原　堀部安嗣さんの「阿佐ヶ谷の書庫」を、夕方ごろから夜にかけて見ることができた経験です。

島田　これらの作品はそれぞれがまだ習作のような感じがするよね。バラバラのものがあるけれど、この状態がまとまったものなのでしょうか?

宮原　そうですね。今までに描いたものを一枚に集約するとかではなく、これを同時に見てもらうことが大切かなと思っています。

島田　例えばこれとこれはなんとなく空間的な要素としてわかるけれど、これは何になるの? 一応、空間としてドローイングしているよね?

宮原　そうですね。でも実際に存在するか存在しないかはおいて、場面を設定したという感じです。

×三谷裕樹先生

三谷　これが、日記的なやつということだよね、毎回描いていたということ?

宮原　そうですね、8ヶ月間描き続けました。

三谷　すごいね。

宮原　最終物につながるかどうかは考えずにとにかくやっていました。

三谷　例えばこういうものがその日にできていて、それがここにも入っているということだよね。

宮原　そうですね、これを振り返りながら、この時こういうことを考えていた、こういう状況などを描けないかというか、空間ができないかなと思い、その実際に描いた空間が立っているという感じです。

三谷　例えば、立っていないものでいうと、何かを考えて描いているの? 無意識で描いているの? どこかに行ってということ?

宮原　建築家の講演会などを聞いてインスピレーションを受けて描いたものなど、一応空間として表現し、チャレンジしたり失敗したり、というのを繰り返したすべてがこちらです。

三谷　今回は立っているのがアウトプットということだよね?

宮原　そういうことですね。

三谷　もう少し何か、実際にアウトプットとしてできていることが立ち上がっている、何か特徴とか魅力があるということを聞きたいです。

宮原　これまでは線を引くという行為が先行していたので、平面上に置かれているものは引いたその線の感情がどうであるかという話だったのですが、これはそれらを振り返った時に物理的ではないけれ

ど、情緒的に存在する空間を描こうとしています。自分たちは物理的な空間と情緒的な空間の間に生きていると思っているので、その見えないけれど確かに存在する空間を表現しました。具体的に説明したほうがいいですか？

三谷　具体的に、考えではなく、もう少し形がわかるものの説明をしてください。

宮原　わかりました。これはヒーターなど廃材のようなものがバラバラになっているのですが、このような状況は都市ではなかなか見られません。こういうものを見た時に元々立ち上がっていた空間や、そこでの行為が想起される人の気配などを感じられると思います。

三谷　これは機能とかそういうものを求めちゃいけないやつだね。

宮原　そうですね。建築にしたかったのですが、やはり建築はスケールや機能を与えないといけないので、条件を与えてしまった途端に嘘っぽくなってしまうというか。線だけでは不可能だと思っていて、物や建築ではなく、空間を設計したというようにしています。

三谷　この5番に描いてある線の三次元化のようなものがすごく表現として面白いなと思っていて、設計の方法かわからないけれど、空間の考え方とか捉え方のようなところに何か一つ到達しているんじゃないかという気がします。これからどうするの、大学院へ進む？

宮原　はい。大学院へ行きます。これをやり続けても建築には直接到達することがないと思っています。もっと根底でつながっている考え方が絶対あると思っていますし、一度離れてしっかり建築設計に取り組み、自分なりに落とし込んでいけたらいいなと思っています。

三谷　ここに可能性がある気がする。三次元化というのを何でやるのか、何故ドローイングなのか、いきなりこれを見ながら目標をつくるのか……。

宮原　この時は糸などの細い材や、ワイヤー、針金などを使ってスタディしていました。スケールは小さくしています。

三谷　全然違うところにジャンプできそうな気もしています。ぜひ頑張ってください。

×近藤哲雄先生

近藤　これ（ロール紙）は何ですか？

宮原　いろいろな空間を意識して描いたり……。

近藤　今までのものをまとめたということではなくて、なにか新しくつくったの？

宮原　平面にあるものとロール紙が1から7番までの取り組みですが、ポストカードとの違いは、この枠が気になってしまい、もっと制限なく線を引いてみたらどうかということでロール紙に描きました。

近藤　僕はこういうの好きだし、面白いと思う。ただこの辺は「こんな気分の時に描いたらこうでした」という日記ですね。そういうのを並べるのも面白いけれど、「こうあってほしい」という思いで描いたものはない？

宮原　それがこの立っているものです。

近藤　なるほど。

宮原　あらかじめ場面を想像、設定してから描いたものです。

近藤　この中でも、今の気分だとどれが好きですか？

宮原　今の気分は、これです。これはあまり嬉しい気持ちではないのですが、正直これですね。

近藤　これはボールペンですか、色鉛筆？

宮原　道具をバラバラに置いて、その時取ったものなのですが、イン

クペンが多いですね。大体0.28mmか0.38mmが多いです。

近藤　色もそんなにたくさん使っているわけじゃないよね。

宮原　そうですね。ロール紙などで、感情を色で表現しようと最初は思っていたのですが、黒いペンで全然表現できるなと思いました。

近藤　一番最近描いたのはどれですか？

宮原　最近だと、こちらです。NAF1日目の帰りに描きました。

近藤　古いのはどれ？

宮原　この3枚です。たぶん中学生くらいの時に使っていたスケッチブックが掘り出されました。あまりどういう状況だったかも覚えていませんが。

近藤　確かに全然違うよね、これと。中学生か。ということは10年くらい前ということ？

宮原　中学生くらいだと思いますが、他はノートの切れ端や裏紙に描いていたので全く残っていません。

近藤　今4年生だもんね。この後はどうするの？

宮原　大学院に進学して、建築を学び続けます。

近藤　この先の建築がどうなるのか興味深いですね。

宮原　ありがとうございます。

近藤　あ、良いって言っているわけではないですよ。今後次第かなと思います。普通のつまらないものをつくる可能性も少なくないと思うし、でもすごく面白いものをつくる可能性もあると思う。センスが良いと思うけれど、少し雰囲気イケメンみたいなところもあって判断に困る感じだね。

宮原　そう思われるのは自由です。

近藤　正直言うと、ちょっと雰囲気イケメンじゃないかと疑っています。

宮原　なるほど。

近藤　昔ワークショップの講師をした時に、ものすごく綺麗なドローイングを描いた学生がいたんですよ。A0の紙を3枚くらいつなげて、その紙いっぱいにヘニャヘニャした細い線が描かれていた。そのドロー

イングは抽象画みたいな感じで、絵としての良し悪しは僕には判断しづらいけれど「これはただ事ではない」と思わせられる迫力があった。そして圧倒的に美しかった。僕は絵の専門じゃないから間違っているかもしれないけれど、このドローイングからは正直そこまでの迫力は感じない。でも覚悟を持ってやっている感じは応援したくなります。頑張ってください。

宮原　この制作では空間を意識するなど、今まで描いてきたものではなくて、無理矢理にでも線が立体にならないかということを考えていたので、自分でも違和感のあるものはいっぱいあります。なぜこの形なのか、なぜこの色なのか。元々描いていたのは違いますが。何か空間にできないかと無理やり描いたものへの違和感はもちろんあります。

×武藤隆先生

武藤　前に二次元か三次元かみたいな話を少ししたかと思いますが、どちらでもないような気がします。これはひょっとすると四次元というか、時間も入っているかもしれないと今の話を聞いて思いました。でも普通に図面とか模型っていうのは、完全に止まった二次元と三次元でしか表現ができないから伝えられないけれど、このドローイングはもう少し時間軸が入って伝えることができそう。ツールとは言ってはいけないような気がしました。

［近藤哲雄賞（2日目）］

Project

神社境界の準え

ID133

児玉祐樹 Yuki Kodama

［名古屋大学］

P.094→

💬 ID133 児玉祐樹

×内藤廣先生

内藤　俺は社会に対して良い計画をしていると思っているんじゃないかな。だけど、君がやったのは回廊を回したことだから、それによって生まれたここがどのくらい良いかというのが本当はもっと語られないといけないよね。例えば実際にはもっと軒が出ていないとまずいよねとか、軒下の空間のこの木はどういう関係があるのか。ここの空気が見えてこないと、「よくできました」で終わってしまうんじゃないかな。折角良いアプローチをしているけれど、最終的に物足りないよね。今後はそういうのを少し勉強するといいと思う。

×島田陽先生

島田　この棟はどういう決め方をしているの？ 中心にはないよね、棟の位置はどうやって決めているの？

児玉　南側は、今は使われていない参拝者の動線を取り入れたいと思い、2,500mmにしました。こちらは動線として使える程度の空間をつくり、その間の部分というような形でつくっています。北側に関しては少し外側に残しますが、基本的には同じ形です。スパンを少し狭めて人が座る程度にしています。

島田　スパンと勾配によって棟の位置が決まっているということだね。

×三谷裕樹先生

三谷　行ったことがあるのでよくわかりますが、怪しいお店や小さなお店などが入っているところを再構成するというような提案だよね？

児玉　はい。

三谷　元々あるものはどうするの？

児玉　全てではないのですが、人々の動線にあわせて元々ある公共施設を入れていきます。体育館はなくしましたが、新たに増改築された体育館があるので、そちらで担保しようと思っています。

×近藤哲雄先生

近藤　塀に幅を持たせたってこと？

児玉　そうです。塀に幅を持たせて、そこに機能を入れていく。

近藤　現状をもう少しきちんと書いたほうが良かったかもね。着眼点とアイデアはとても良いと思う。しかし4辺はそれぞれ環境が違うよね？ それなのに設計がほぼ一緒に見えるっていうのはちょっとどうなんだろう。微妙には違っているんだろうけれど、しっかりスタディしたらもっとダイナミックなことが起こっていたはずじゃないかなぁ。

児玉　正面は同じような形ですが、タイプとして3つ挙げたものはこれの発展や、これを組み合わせるような形でつくっています。

近藤　大して違わなさそうだけど、ちょっと説明してもらえますか？

児玉　公園側以外は、すべて敷地ギリギリに配置していますが、北側は樹木への配慮と、近隣にすぐ住宅地があるのでその配慮から歩道の部分に建てて、ガラス面ですぐにササッと通過できるような空間にし、基本的には同じような構成でできています。神社側に近い空間、南東側、南西側の部分は神社に入る時に、より緊張感を感じられるように制御して段差をつくっています。本堂はここですが、摂社・末社がいくつかあるので、ここへの動線をつくってあげる。参道に入っていく、こちら側は基本的にはあまり機能は入れてはいません。ただ、元々展示室などがあり、この神社や郷土に関係するものが多かったので、展示室とかはこの神社の近くに配置していくような計画をしています。

近藤　こういう提案は結構好きだけど、少しまだ硬いね。こういう場所だと、あちこちでいろんなことが起こっていると思うんだよね。だけど、どこも同じように見えちゃうと全体のシステムが強くなっちゃって不自由な感じになると思う。人間のふるまいとか重い歴史とか、さまざまなことに対してもっと自由に向き合ってスタディすべきだったと思うなぁ。例えば高さなんかも全然違ったかもね。

児玉　確かにここは違います。

近藤　あ、違うの？

児玉　はい。全部勾配と下の高さはそろえてあるのですが、上のところは高くなっています。他より幅を広くとっているので、あまりにも高いところへ出てしまうのは切ってあげています。内側に神社も少し見えるけれど街も見える。ただ、ビルなどの大きなところはある程度制御されています。

近藤　こういうことがもっといっぱい起こるべきだと思うんだよね。高すぎるから同じ勾配でつくって切って、切ったらまた今度、中に通りみたいなのができるとかね。

児玉　はい。

近藤　そういうスタディをしていくと、飛び散ったり、発展したりしながら、でもやっぱり最初に考えたことに戻ってきたり、本当にそれが良いのかと悩んだり……。そうやってグルグル行ったり来たりしながら、少しずつ発展させていくってことをやらないといけないと思います。そういうことをやったか疑問に思えるところがちょっと残念かなぁ。

×武藤隆先生

武藤　最終的にできあがる壁とか格子とか屋根の定義は基本的に全て一緒ですか？

児玉　屋根の勾配は全て同じで格子はスパンを変えています。

武藤　素材は基本的に同じ？

児玉　同じです。

武藤　エリアによって機能が違うことに対しての視認性というのは、ある程度近寄らないとわからないのですか？

児玉　小ホールや子どもたちの遊び場などは公共施設になっているので、外から見てわかっても良いのですが、少しプライベート的なものは格子とスパンを変えてあげています。

武藤　外観の統一性と機能の違いを視認させるガラスなど、インテリア的な工夫をしてあると面白い。

［内藤廣賞（2日目）］
Project
水郷暮らしの川湊
ID134
杉山莉奈 Rina Sugiyama
［名古屋工業大学］

P.090→

🗨 ID134 杉山莉奈
×内藤廣先生

内藤　なんか日本版ザハ・ハディドみたいな感じかな。説明では論理的にいろいろ組み立てるのだけれど、もっと「水が好きだ」というか「いろいろな表情を持つんだ」というところに集約しても良かった気がする。そうすると、もう一段高いレベルになる。水をテーマに、下の水面も上の雨のことも、水と光とみたいなものがここで交錯するようなプレゼンテーションをしたほうが変に理屈が要らないじゃない？あなたの形に対する意志が見えなかったので、この形がよくわからなかった。この尻尾みたいな、エイリアンの内臓みたいな感じ。

杉山　水を止めてこちらからこちらに水を流すという排水機場の機能を建築化した屋根の形で、こちらは実際この3.5m水位の時に水につきますが、そこから水を吸ってあちらに流す。屋根形状をもって流すというか、水のこの壮大な振る舞いを建築全体として体現できるような空間をつくりたくて、南北に伸びる屋根を2つ架けました。

内藤　君はゲームとかやったりするの？

杉山　ゲームはやらないです。

内藤　やらないの？この3Dの映像は、ゲーム的な空間だよね。俺もよくは知らないけれど、そういう人でもないわけね。

杉山　ゲームはやらないです。水の振る舞いというのをダイナミックに体現できるような空間というのが……。ここは元々水害の多い地域だったけれど、水をコントロールしたことにより町が守られたという歴史がある。その特徴とその機械による排水というのを建築化したかったというところから始まりました。

内藤　機械を信用している？

杉山　信用しています。

内藤　信用している？要するにポンプアップで排水するということを信用しているのだとしたら、しないほうがいいよ。

杉山　機械の中に収まっているものを自分の身体として体験できるようなところは魅力的だなと思いました。その人工的な水位変化とい

うのが、いろいろな人々の偶発的な振る舞いをつくり出すのではないかというところから、設計を始めました。

内藤　断面だとポンプはどこにある？

杉山　断面ではちょっと表現できていません。屋根がポンプであり、屋根自体で排水をします。

内藤　機械だよ？

杉山　断面では表現できていませんが、こちら側の屋根が吸うことになっています。模型では表現できていません。

内藤　そういうことなのね。先程の水の話によると、どこかにポンプがあって揚水してるんだよね？

杉山　そうです。

内藤　どこかに機械が入っているけれど、それはよくわからないということ？

杉山　機械は屋根形状のところと……。

内藤　ポンプがどこかにあるだろう？ そこはまぁ弱いね。

杉山　調べが足りなかったかなと思います。

内藤　そういうシステムをもっと露骨に内蔵みたいに出してくるとか。今は何となく形の話だけになっている。女性らしい作品だけれど、気分の話でずっと流しているけれど、そちらがもっと強くなると良いかな。ただ、やりたい気分はわかる。あのドローイングは良いよね。

×島田陽先生

島田　屋根の構造は、こちらでテンションを引っ張っていて、こっちはキャンチレバーになっているよね？

杉山　構造的にはこちらがアーチで持っていて、吊りで浮かせる構造にしました。

島田　なるほどね。この水位というのは増水時？

杉山　そうですね、雨の増水時が3.5mで、こちらが晴れのパースと合わせました。

島田　水位が減ると、この水路はどうなるの？

杉山　こちらの水位が増えると水路で町とつながります。

島田　かなり大きな規模で、フェリー発着場ぐらいの規模に見えるけれども、これだけ大きな規模が必要なのはなぜ？

杉山　新しい町と、町の農業プラットフォームというか、新しい農業のインフラとして港のようなものを設計したかったからです。

島田　排水機というのはどこに入っているの？

杉山　排水機場にあり、屋根形態です。

島田　排水機というのはモーターのようなものがあってゴチャゴチャしていて、水門だけということ？

杉山　水門と排水ポンプが合わさっているものです。

島田　ポンプのようなものが地下に入っているの？

杉山　ポンプは屋根に架かり、こちらで流すというようなダイナミックな形態にしました。

島田　なるほど。

×三谷裕樹先生

杉山　新しい農業インフラということで、船による水上販売など船と水によって町と建築がつながる企画をしました。

三谷　この辺はほとんどもう屋根が架かっているだけということだよね？

杉山　そうです。例えば雨水などが屋根によって落ちてくるなど、そういう行為があっても面白いのかなと思っています。

三谷　この地形は元々の地形なんですか？

杉山　はい。元々の地形を建築化しました。

×近藤哲雄先生

近藤　もう少し、背景を丁寧に説明したほうが良いと思う。どうしてこんなことになったかというのをもう少し丁寧に説明しないと、ただノリでやってみましたというように見えてしまう。

×武藤隆先生

武藤　この話、とても良いと思いますね。ただ、作品を見るととても大げさな感じがします。傘は一人か二人しか入れないスケール感の良さがあるが、大屋根と言ってしまった時の人間から離れてしまったスケール感。その中間があるともっと魅力的になったのかなと思います。

杉山　そうですね。操作としては、大きい水の流れのようなものを体現させたくて。ダイナミックな建築ですが、持ってきた空間的要素は小さなところから……。

武藤　ここにもう少しヒューマンスケールの雨と傘と自分みたいなことが盛り込まれていると良かった。これが悪いと言っているわけではなくて、つなぐものがあると良かったような気がします。

Project

Art Hacking Complex

ID175

池本祥子 Shoko Ikemoto

［名古屋市立大学］

P.054→

💬 ID175 池本祥子

×島田陽先生

島田　このフジツボみたいなものは？

池本　これはトップライトを入れるためです。

島田　割と倉庫みたいに、機能的に全部分割されているのはなぜ？

池本　収蔵庫1個をコレクター用に管理して、中に作品を収蔵します。その収蔵庫にコレクターの名前を付けたら面白いのではないかと思っています。さらに、イベント時に作品を取り出して展示し、そこから出た収益を管理費から引くというようなシステムがあったら面白そうだなという話です。

島田　収蔵されている作品は意外と小さいの？

池本　ボックスの単位を4,000、8,000、12,000、16,000というように決めています。

島田　彫刻なども入れられるの？

池本　彫刻も入れられます。

島田　この動線は歩く道ですか？　例えば、彫刻を運搬する車が入ることはできるの？

池本　基本的に1階はピロティになっていて4,000上がって荷解きなどをして、さらに上がるとこういった空間になります。この主動線から入っていくようにはなっています。

島田　あ、大型作品と書いてあるね。

池本　そうです。ここにフィーレンディールのスラブが通っていて、このスラブより上の作品は、割と長期的な保管をするような作品と、縦方向を結構自由に変えられるので大型作品がメインになります。下の作品は短期的なものや一時的な保管の作品が多いと思っています。

島田　フィーレンディールになっていて、下には結構大きな柱がありますが、上にはあまりないという話なの？

池本　下にはフィーレンディール層からボックスを吊っています。

島田　うん。これは吊られている、でもフィーレンディールがあるっていうことは？

池本　そうですね、コアがこうやって落ちていて、コアは構造模型のようにRCで支えています。

島田　ヘルツウォーク&ド・ムーロンの設計で収蔵庫の美術館がなかった？

池本　あった気がします。

島田　「シャウラガー美術館」だ。

池本　スイスのバーゼルにありますよね。「シャウラガー美術館」は、バーゼルのアートフェアで買った作品を持ち帰ることができないから入れるじゃないですか。これも、例えば海外のコレクターが作品をここに保管しますが、ここはブランド力の持つ場所になるとか。

島田　正直、アートマネーの仕組み的には税金のかからない倉庫というのは、なかなか上手い。売れたらここから出していけばいいし。なんでそんなアートの仕組みに詳しいの？

池本　最初、美術館関係者などにたくさん電話して、オークションなどについて聞きましたが、今年は「あいちトリエンナーレ」に関連したさまざまな問い合わせがあったようで、全然教えてくれず。税関の人に聞いたら話してくれて、その中の話で一番面白かったのが、実はセントレアで、免税店の横とかの税関を通過しない場所で展示会やりたいという話が内輪であると。でも実現できていないんですよ。「どうしてですか？」と聞いたら、単純にスペースとか場所がないと。それは建築で解決ができるじゃないですか。ですからそのようなリサーチを元につくっています。

島田　そもそもなんでアートの話の時に税関に電話しようと思ったの？

池本　骨董品店やギャラリーなどと美術品の取り引きをしている人が伏見にいらっしゃって、少しお話をうかがった時に、今のアーティストは国内のコンペに全然出さなくて海外ばかりに行っているよと。海外が決め手ではないかと考えた時に、一番海外に近い場所は空港じゃないですか。空港がどうなっているかわからない。中でどのように物が動いているのか、ブラックボックスというか、中身が見えないし、便利で、システムとしても今も不便がなさそうだけれども、覗いてみたら今まで知らなかったことを知ることができるかもと思ったことからです。

島田　冴えてるね！　素晴らしいんじゃない。ただこのパースのやや権威的な感じがいただけない。あまり考えていないように見えるけれど、どうですか？

池本　海が近いので塩害対策で石にしようかと最初考えて石のパネルを張りましたが、うまくいきませんでした。

島田　少し大判の石で貼ったら艶もありそう。

池本　やってみてこれは失敗だったなと思ったので、改善します。

×三谷裕樹先生

三谷　これ断面図だよね？

池本　断面図を1mごとに切って100枚並べました。

三谷　場所はどこ？

池本　空港という言い方をしているのですが。

三谷　どことは決めていない？

池本　一応セントレアと決めて、具体的な設計案として提案しました。

三谷　800mだと、この辺で戻るのがきつい空間があるじゃない？

池本　ここのエリアは入ることができて、既存の第1ターミナルから第2ターミナルまで続く連絡橋、ムービングウォークの動線を取り込んでいます。パスポートチェックをすると、この中に入って作品を実際に

近くで見ることができます。そうではない既存の動線を通る人は、上からチラ見するという感じですね。

三谷　なるほど。これはかなり複雑なものになっているけれど何かルールがある?

池本　最初に大きな既存の収蔵庫、ここに物流センターのようなものをつくり、空港のターミナル間を移動している既存の動線を取り込みました。その後に作品の運搬動線を2本通して小さな機能をその周りに配置させます。動線がくっついていないところは枝分かれしたところに一つひとつの機能を入れ、最後にギャラリーの動線と縦方向、さらにエレベーターコアごとに国外用のエレベーターとここがつながる国内用のエレベーターや裏方を分けて通して、最後に外側の大きな枠を外すとこれだけ残ります。

三谷　それぞれの一つずつのセルみたいなものは、パターンとして何種類くらい決まっているの?

池本　これは4,000、8,000、12,000、16,000と決まっています。まず上限は航空法のことを考えたら16,000、16mが限界だなと思いました。4,000にしたのは理由が2つあり、1つはコンテナの大きさとその周りで作業するスペースを考えると4,000が最小であるということと、これだけ大きなメガストラクチャーを持たせようとするとスラブが4,000くらい必要ということがわかったので、4,000を単位にしようと決めました。

三谷　その4,000くらい必要だというのは計算したということ?

池本　細かい計算はしていませんが、4,000あればもつだろうという。ボックス同士でやると立方体ばかりになりがちですが、断面を100枚描いてわかったことがあり、こういった立方体のような空間もあれば、横に長く続いている空間もあり、ボックスの噛み合わせによっては縦に細長い空間もある。立方体だけの空間になりがちですが、小さなボックス、大きなボックス、縦のボックスというのが平面的にも断面的にもできるなということが、100枚描いてわかりました。

三谷　頭の部分がグネグネとずれているのは意図されてですか?

池本　これは単純に美術作品を見せる時にスプライトで自然光を入れたいというのがあって。その作品の保管方法によっては自然光を入れてはいけない時もあるので、そういう時は閉じるようになっています。

三谷　閉じる?閉じているわけ?

池本　開けたり閉じたりするのは美術館側、管理側がやります。

三谷　全部のボックスに穴が空いているということ?

池本　空いていないところもあります。これは隙間の形がわかるように、ここここの部分を取り除いていますが、こうやって空いてないところもあります。

×近藤哲雄先生

近藤　それはこれの断面図?

池本　そうです。形態の操作については、通常の収納庫が大きなボックスになることでとても便利で効率的になると考えられがちなんですが、動線を通しその動線の周りに機能を小さく分解配置することによって最後にボックスを取り除く。またそれにより、大きなボックスではなく小さなボックスの集合体である収蔵庫というのを提案します。そうすることでこういった小さな隙間のような場所がたくさん生まれ、中庭になったり、ギャラリーやカフェエリア奥に収蔵スペースとい

うような視線が抜けるような場所が生まれたりと、今までの効率的で便利な大きな箱の収蔵庫ではなく、また新しい収蔵施設というものを提案します。

近藤　少し盛りだくさん過ぎて難しいね。こんなややこしい形にしないといけない理由がいまいちよくわからない。かなり複雑では?

池本　そうですね。複雑そうに見えますが、例えば今は第1ターミナルから第2ターミナルまで行くセントレアの連絡橋があるのを、600mのムービングウォークをすごくシンプルに一本中に通しています。

近藤　これは向かっている間にチラッと見えるわけ?

池本　そうです。この下のレベルを変えて、この下の空間が見えるというように。

近藤　収蔵しているものが見えるわけじゃないの?

池本　収蔵しているところは、パスポートチェック後に中に入ると収蔵しているものが見えます。大事な動線はスパっと通しています。

×武藤隆先生

武藤　結構同じようなボリュームが並んでいるような気がするんですが、メリハリとして上限と下限とかをちょっとコントロールしているのかな?

池本　収蔵エリアというのは結構密集していて、それのバランスというのは……。

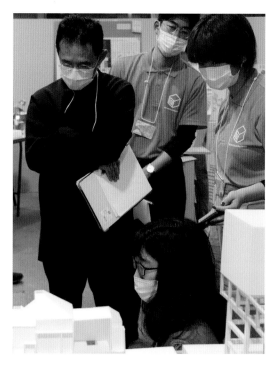

武藤　そういうことではなくて、今一番大きい空間がこれで、これくらいの空間がないのはなぜ?マックスを決めているんだよね?

池本　はい、決めています。これは航空法により16mにしていて、これは立方体になっていて建てられる高さが決まっています。それで、マックスのボリュームは16mが限界です。ここまで複雑にする必要性があるのかという指摘については、これは私の考えになってしまいますが、収納庫などのようにシステムが大事な建築は大きな箱になりがちで、そうしたほうが効率的で便利です。たくさん入りますし、使い

やすい。ですが、今建築以外のところがすごく便利になってきていて、例えばGPSなどもいろいろ便利になってきている。だからこそ建築はもっと複雑にできる余地があるのではないかと思っています。その分複雑になった時に空間やプログラムなどで、見たことないようなものをつくれるのではと思ったので複雑にしました。

武藤　なるほど。その複雑性の話はどちらかというと空間の複雑性なので、僕もあってもいいと思っているけれど、そういう意味で言うと僕はこれ、あまり複雑だと思っていないんですよ。

池本　そうなんですか？

武藤　というのは、キューブの高さの話で、平面で規定されているけれども、キューブだから当然正方形でできているので、その部屋のボリュームの単位としてはとても少ない種類で構成されていて、その組み合わせ方が複雑に見えている。

池本　設計の話になりますが、構造をフィーデンディールにしています。全部の壁を共有するために、4,000単位にしたほうがいいなと思い、グリッド状に考えています。また、作品を持ってくるコンテナのサイズが、周りで人が動ける動線を計算すると最小単位が4,000なのです。構造とその元々のコンテナのサイズからそういった単位を決めました。でも聞きたい話は、多分そちらではなくて、それでもキューブじゃなくてもできるのではないかということですかね。

武藤　大きいほうにまだ可能性があると思う。大きいほうというのは、要するにキューブと決めた時点で、空間の可能性をキューブで止めているでしょ？ それはその相似形で4mとか16mとかのキューブのプロモーションでの大小をつくる建築と、例えば4mだけど100mとか、いろいろなプロモーションを含めた空間というのが、本来の作品展示や作品保管で必要になってくるから、それが入っているとすごく説得力がある。

池本　そうですね。

武藤　しかもその最小空間について、例えばコンテナの最長空間が16mだけれど、そういう作品も実際にあったりする。

池本　それについてなんですが、キューブはキューブでも、キューブが噛み合っているところがあるんですよ。そうすると、噛み合うと正方形じゃなくて長方形になるところが出てきます。

武藤　どういうところ？

池本　図面がありますが、こういう細長いところだったり長方形だったり、縦方向にはキューブが当然重なってるところがあるので、8,000のところのこういう空間もあれば、4,000のところもあれば、12,000のところもあればみたいな。なので、この1つのキューブですが、噛み合わせでそういうことができる空間もあります。

武藤　はい。

池本　ですから、わざわざこの長方形のところにボリュームをつけさせるよりも、キューブで長方形っぽい空間をつくることを私は考えました。この断面図を見ると、横長のところもあるという感じです。

武藤　さっき言っていた一番高いところの高さというのはこの辺で決めているの？

池本　この辺というのは？

武藤　その16mがというところ。

池本　空港から直結するところは12mにあって、フィーレンディール層がその直結するところの間に通路として通っているので、4,000の高さで16m。そこから16mとあと天井高などいろいろ合わせると、

大体40mぐらい。航空法で47mまでいけて、大体40m前後がマックスという感じです。

武藤　キューブと呼んでいるのは、この高さでキューブになるの？ 原型でいうといろいろなケースがある？

池本　はい。

［優秀賞（2日目）・シート賞］

Project

余白不動産
—最高密度の都市を楽しむ—

ID176

半澤龍 Ryu Hanzawa

［名城大学］

P.072→

💬 ID176 半澤龍
×内藤廣先生

内藤　ちゃんと調べたかな？

半澤　調べてつくりました。

内藤　法律の抜け穴、これは大変だぞ、本当にちゃんとやらないと。さっきの駅舎は建築基準法適用外っていうのとは違うんだよ。鉄道線路敷のラインの外にあるのは適用内になるから、こういうのは適用内になりそうな気がするけど、まぁでもいいよね、卒業設計だから。面白いと思うけど、坂口恭平って知ってる？

半澤　はい。

内藤　彼のやろうとしていたことはそういうことだよね。不法占拠とか隙間でこういうことを実際にやろうとしている。だからプロジェクトならもっと迫力がないと負ける。スケッチとかバンバン描くんだね。もっと大きく描いて。ここに実物持ち込むくらいの勢いが欲しい。

×島田陽先生

島田　駅舎のくだりがわからなかった。ここを走る電車はJRの駅舎として入っている？

半澤　はい。それをセルフビルドで所有者が後々カスタマイズできるという。

島田　ここにつくると、さまざまなものがあって、貸せるという話になる。これは、定期的に借りるの？ 住居として借りるの？

半澤　住居のように借りようと思っています。これは谷の古墳に建っています。これはお地蔵さんの周りに建っています。宗教的な建

築というのは、グレーゾーンの境界が多く、そこに建築を建てることで所有を広げようと思いました。名前が「暗渠」となっていますが、暗渠と本当は開渠が混ざったような敷地で、そこに……。

島田　暗渠上に建っている？　置いてある？　中にあるの？

半澤　開渠に埋めて、暗渠をさして、少し隙間が開いています。なので、少し開渠になっているという。基礎なしで川をこう少しずつ移動するような建築になっています。

島田　この青豆は何ですか？

半澤　青豆は川の上の高速道路の下に漂流しているもので、これと少し似ているんですが、屋根なしの建築で一日過ごせるというプログラムになっています。

島田　川の上に浮いているって、これは川なの？

半澤　そうです。水深がとても浅くて、ここに漂っている感じです。

島田　これは60日毎に届け出が増えるというのは、60日ごとに変えるということ？

半澤　そうですね。60日たったら、ほかの場所に移っていくということです。

島田　これは足場なので居場所だけど、人が過ごせる場所にはならないの？

半澤　ここはスラブみたいなものを設けていて、そこで居酒屋などやカプセルホテルのようなものを設計しています。

島田　ここは？

半澤　ここは線路とビルの隙間上に建っていて、半分ずつ所有が分かれています。こちらが駅舎、こちら側がカラオケ屋さんの増築になっていて、看板を半分に立ててあげることで、ダクトのようなものが良い感じにそれを見せるという設計になっています。

島田　坂口恭平が所有者がいない不動産みたいな話をしていたけれど、そういうのは関係なく、むしろ法的な隙間という話なのかな？

半澤　そうですね。法的な隙間です。不法占拠というわけではなくて、所有者と話し合って、建てていくという感じですかね。

島田　だから、法的には壁がいらない建物ということね。それをグレーゾーンで貸し出すとか、何かに使うという。ときどきなんか宗教観があるな。これは？

半澤　これは市が管轄している狭い歩道と、道路の間の普通に植木が埋まっているような何もない所で、45度に傾いたお地蔵さんというのがあります。その周りに花がちゃんと毎回きれいに供えられていて、居場所になるのではないかと。そこに屋根を架けて、上に看板を立てて、看板の奥をセルフビルドして、ここに宿泊施設とジャージャー麺屋さんを設計しました。

島田　なぜドーリア式の柱頭が立っているの？

半澤　目を惹きつける作用を……。

島田　なんとなくポストモダン時代のフォリーのような、そういうものを連想させるんだけど。

半澤　張りぼてのようなものをつくりたいと思っています。このようなものに人が出合った時に、この余白不動産では、コンセプトとは別に楽しくなれるようなものが裏メニューでしっかりあります。張りぼてですが、裏のコインパーキングの横に立つと、こちらから人の往来や車の往来を見て楽しめる。

島田　看板ということ？

半澤　看板ですね。

島田　看板の上に建てている？　看板の裏に建てている？　基礎なしはこれ？

半澤　そうですね。

島田　なるほど。なんで全部「庵」なの？

半澤　最初は茶室、庵、日本庭園のようなもので設計し、余白不動産というのが、法律の抜け穴としてプラスされ、日本独特の都市空間を楽しむスペースでもあるのではないかなと。普通の不動産だと切り落とされてしまう、漂白されてしまうような部分も価値に変えて、都市をマックスで楽しめるような空間にしようと思っています。垂直庭園のようになっていて、非常階段が付いているような場所で、人の往来や街や換気扇のように建築のエレメントが向いていたり、窓が切り取られたりします。

島田　これ飲み屋はなんですか？

半澤　飲み屋はこれですね。

島田　ここに階段が付いているの？「高過庵」のように浮いているという話ですね。全部バラック的な意匠には意味はありますか？

半澤　張りぼてをつくって裏側を見せたいという、空間性知能が反映されてこのようになったのかも。

島田　つくり方はセルフビルドなの？

半澤　基本構成はしっかり余白不動産がつくって、木の所や細いラインなどはセルフビルドでつくります。

島田　なるほど。主体構造は鉄骨などでつくっている。

半澤　そうです。

島田　これは何？

半澤　これは看板ですね。上は駅舎の屋根ですが、下は看板で壁として後々建具をはめて内部化していくという。

島田　ここはなぜコラージュみたいになっているの？　パッチワーク？

半澤　これはコンポジットの時もそうでしたが、目を惹き付けるという

作用が一番にあります。

島田　いわゆるアートとしてあり、目を惹きたいと?

半澤　はい。

島田　これは全部、想定した実際の敷地とかがある? それともこういうのがあればいいみたいな?

半澤　はい。名古屋市で、建ぺい率80％で容積率が400〜1,300%のところです。

×三谷裕樹先生

三谷　すごく魅力的だなと思うのですが、そのコンセプトというのが説明的という気がします。もっと前提というか動機のような、どうしてこういうことをしようと思ったのか教えてもらえますか?

半澤　名古屋の都市や銀座でも、ただ歩いてファッションなどを楽しむだけになってしまっていると思うのですが、意外と心の拠り所がない気がしました。そういう所に、例えば小さいカフェがあるとか、自分の家とかをもし設計できたら、都市に住む者として良いのではないかと考えました。

三谷　街をもう少し楽しめるのではないかという方法を考えて具体的につくっているということで良いかな?

半澤　はい。

三谷　もう一つイチオシはある?

半澤　古墳をビルの隙間につくっています。鳥居というのは15m以下なので、まず鳥居を建ててその周りにつくりました。

×近藤哲雄先生

半澤　ここが所有の境界で、こちらが個人の飲食店で、こちらがJRの敷地になっています。こちらは10㎡未満の増築と、8m以下の物見櫓で、階段室を設計しました。こちらは宿泊施設と余白不動産の窓口となっており、駅舎として建築基準法の適用外なので、そのように設計をしていきました。ちなみに、この建築は余白を体験できる宿泊施設が入っているのですが、他の建築とかには居酒屋やカフェのような要素が入っています。構造を建てた後にセルフビルドして、だんだん所有者がカスタマイズしていく、というようになっています。

近藤　余白を使うと良いということ?

半澤　はい。

近藤　ちなみに法律を上手いこと解消というのは別にどうでも良いというか、特に「強い提案」ってわけでもないと思うけど。でも、ものが面白そうだから、ちょっと気になる。そもそもなぜ余白を使うと良いと思ったわけ? ヘタ地とか、バグとか言っていたね?

半澤　はい。

近藤　そういった普通使わないところを使うと、どういうところが良いんだろう?

半澤　街を歩いていて、そういった隙間を見た時に、何か違う街を想像できるというか、自分がそこに居たら、ここにもし椅子を置いて過ごしたら心地良いな、というのがあり、そういった想像を実際に建築化してみたいということで、建てていきました。

近藤　でも既に君が発見した面白い空間があるわけよね? それをさらに面白くしたいということ?

半澤　建築として具現化したいと思いました。

×武藤隆先生

武藤　着目している隙間やヘタ地みたいなことと、法規的な抜け穴という組み合わせはとても面白い。それにもう一つ、例えば不動産と言っているので賃料とか、あるいはこれがいくらで売れるのかとか、ということもファクターとして入れていくと、例えばこれがいくらで貸せるとか、これがいくらで売れるとか、そうするとよりその余白不動産としての面白さ、あるいは安くできているから安いとか、高い材料使うから高いとかいうのは当然あるかもしれない。そういう指標が見えてくると、もっともっと面白くなってくると思う。

半澤　わかりました。ありがとうございます。

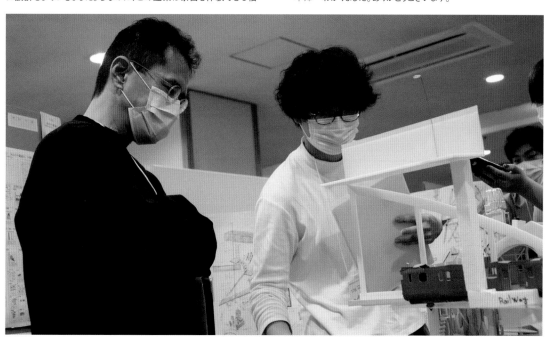

Public Examination

The 2nd day　公開審査

Entry

ID107 原田秀太郎 『見えない壁をこえて ―ハンセン病を辿る資料館―』 島田　近藤　三谷	ID108 河野哲也 『Carpals ―被災者の社会復帰支援施設―』 内藤	ID114 竹内正彦 『映画館と地域の叙事詩　―地方都市における 映画館の再編を核とした商店街の活性化―』 内藤
ID117 山崎晴貴 『「消費」と「アイコン」の関係変容から構築される 新消費ん－誘発の殿堂 メタ・モルフォーゼ－』 内藤　三谷	ID118 太田寛和 『うなぎのぼり 一色町養鰻再編計画』 三谷	ID120 渡邉浩行 『REACH ―新時代への到達―』 島田
ID121 澤田留名 『街に溶け込む映画館』 近藤	ID128 宮原美佳 『線との対話からうまれること』 内藤　近藤　三谷	ID133 児玉祐樹 『神社境界の準え』 近藤
ID134 杉山莉奈 『水郷暮らしの川湊』 内藤	ID136 繁野雅哉 『頼らず頼るまち ―介護保険20年目の 介護の形と暮らし方』 近藤	ID139 佐賀恵斗 『水際の系譜』 三谷
ID144 山田将大 『都市のエッジへの付加建築』 近藤	ID147 大田弥憲 『寄生建築』 島田	ID148 田上功也 『まどべの詩』 島田
ID171 伊藤謙 『還拓の作法 ―干拓堤防のリノベーション計画―』 内藤　島田	ID175 池本祥子 『Art Hacking Complex』 島田　三谷	ID176 半澤龍 『余白不動産 ―最高密度の都市を楽しむ―』 内藤　島田　近藤　三谷

武藤　ID176「余白不動産」が4票。全員です。

内藤　だからといって1位になるとは限らない。

武藤　4人の審査員の方々に7票入れていただいて、ID176「余白不動産」が4票で満票。ID107「見えない壁をこえて」が3票、線のドローイングによる案、ID128「線との対話からうまれること」が3票。ID117「『消費』と『アイコン』の関係変容から構築される新消費ん」、ID171「還拓の作法」、ID175「Art Hacking Complex」がそれぞれ2票と言うことですが、このNAF2020では最優秀1点、優秀2点の計3点を決めます。あとは審査員の方の個人賞ということですが、どうしましょう?

島田　7つについて一人ずつ選定理由を言うのはどうでしょう?

武藤　そうですね。まぁ講評してしまうと長くなりすぎるので、コメントをそれぞれ簡単に言っていただきたい。では、三谷さんからお願いします。

三谷　まず、ID107「見えない壁をこえて」は一見すると詩的な施設をつくっているように見えますが、かなり入念なリサーチと、元々あった壁や既存のものを上手く活用しています。ですが、それを感じさせない空間の表し方をしているのではないかと思い票を入れております。ID117「『消費』と『アイコン』の関係変容から構築される新消費ん」はとても面白く、楽しいプレゼンを聞かせてくれて、その姿勢もとても評価できると思っています。既存のユニクロや寿司屋などいろいろなところを観察した上で、アイロニカルに発見をしているところもありながら、新しく入れるコンテンツとの相性も良く、それが他の空間とも連続していることで、コントを見ているような感じでいろいろな空間が展開していくところにスタディの面白さを感じて票を入れています。

ID118「うなぎのぼり」は、近年、改修系・リノベーション系の作品が増えてきている中で、リサーチをしてその地域の特徴を読み解き、丁寧に改修していくというのは、一つの手法として定着している気もします。その中で気づいたことや学んだこともありつつ、さらに新築の建築もしっかり学んだうえで作品をつくっているということで、何かその地域を表すランドマークといいますか、拠点をつくろうとしている姿勢に共感を得て票を入れております。

ID128「線との対話からうまれること」。彼女は建築内の空間をつくっているとコメントされていましたが、これは実際の建築の空間としては、模型もなくドローイングだけで建築が働いていて、その詩的なドローイングなど共感する部分もたくさんありましたが、いろいろ話してみると、この8ヶ月間を日記のようにつくってきている。訪れた場所だったり、いろんな建築家の話を聞いたり、何か触発されたものをスケッチに描き留めていて、それを線で3次元化するような言い方をしていましたが、その手法に新しさを感じ、空間を実際に建築としてつくった時にそれがどう効いてくるのかなど、そういった発展する余地に新しさを感じて票を入れています。

ID139「水際の系譜」は、票を入れているのは僕だけですが、これは水際に少しせり出したような建築をつくっています。土木的なものでもありながら、親水空間、実際に水の中に入るのだというのもあるのですが、道の拡張をしながら水と向き合う場所として可能性を感じて票を入れています。

ID175「Art Hacking Complex」。小さいものが集合して大きな空間をつくっていますが、不思議な見たことのないつくり方で、形の理由は少し疑問点が残るところもありますが、まだ話し足りていないところがたくさんある気がして入れています。

最後、ID176「余白不動産」。これはたくさんの敷地を選定してきて、そこに面白い形の建築や空間をつくっている。一つずつ見ると少ない手数だと思いますが、それが集まった時に都市を変えていくというか、すぐにでもできそうな余白の使い方だと感じました。売れ残っている場所や可能性がないような場所に可能性を感じてそこを空間化していくという力量に点を入れています。

近藤　大変楽しく見させていただきました。正直なところ3分間だとちょっと理解しきれない部分もあり、本当はもっと良いのかもしれないけれど、僕が意図をつかめていないということもあるかもしれません。今日は先生がたくさんいることですし、このような7作品を選んでみました。問いの立て方に共感できるかどうか、それに対してどういうことを考えたか、そして成功していても失敗していても何かにチャレンジしている人を選ぼうと思いました。あとは実際にできあがったドローイングが綺麗だとか、模型がどうだとか、あるいは全体の完成度というのもあります。そういうことを総合的に考えながら選びました。

ID107「見えない壁をこえて」、ID128「線との対話からうまれること」、ID133「神社境界の準え」、ID176「余白不動産」までを最初にパッと選び、この人たちもダメなところはあると思いますが、皆さんの前に作品を出して議論に耐える人たちということで選びました。ID121「街に溶け込む映画館」、ID136「頼らず頼るまち」、ID144「都市のエッジへの付加建築」の人たちは誰とも被っていませんが、何か一芸みたいな感じで、全体的に良いというよりは僕がちょっと惹かれるところがあった人たちです。もちろん他にもいましたけれど、7人ということで残り3人を選んでみました。

島田　結構楽しく見させていただきました。審査員が全員で挙げると結構な数が挙がっていますが、挙がっていない作品でも結構面白いなぁと思っているものも実はありました。ただ選べと言われると、この7つを今選びました。ID147「寄生建築」が寄生のものですね。寄生のものは、僕の学生時代にも構想したことがあって、懐かしさもありますが、非常に巧妙にきれいにできていて、それと同じようでありながら、少し違うという意味ではID176「余白不動産」。こちらは、よりもう一手加えるような、要するに都市の隙間に着目はしているのですが、法律の隙間のようなところに着目した面白い作品。表現にやや癖が強いというか、独自の世界観のようなものがあって、魅力的だなと思いました。ID148「まどべの詩」は庇の構造体になっていて、非常に構造が強い建築で、実際の計画には少し疑問に思うようなところもあったのですが、でも非常に清々しい建築で、僕はこういうものもいいなと思うし、もう少しその構造体の組み方とかで筋交いと柱の関係を整理しても良いのかなとも思いました。ID171「還拓の作法」は非常に美しい計画で、あの狭小な、小規模と言って良い施設ですが、模型表現も含め非常に美しく、完成度も良かったと思いました。ID175「Art Hacking Complex」は、今日最も知的好奇心

が刺激されたというか、実際それが建築空間の魅力に到達できているかというのは少し疑問の残るところですが、そのかけられた意味とか、目的を持ってあそこにたどり着く、その飛距離のようなものを感じて非常に面白い話を聞かせてもらいました。ID107「見えない壁をこえて」は最初に見た時はなんかちょっとその方法論のようなやつが「ジューイッシュ・ミュージアム」的すぎないかと、意地悪な質問をしましたが、あの間にある壁というのが既存の壁だと聞いて少し見方が変わり、それをめぐって慰霊空間のようなものを巡礼するように見るという、その計画の美しさに票を投じました。ID120「REACH」は、僕しか入れていませんが、国会議事堂にチャレンジすることが計画としてすごく優れているというよりも、今はみんな穏当というか野心のようなものがなくなっているなか、政治を変えるというところ、国会議事堂にチャレンジするというところがなかなか野心家だなと思いました。それを非対称にするとか、もっとこうすれば良いのではないかなど、僕自身も言いたくなるような作品で、こういう提案があっても良いのでないかと僕は思いました。

内藤　番号が若い順から言いますと、ID108「Carpals」の河野さんは構造体を設計したのが一人だけだったので、面白いなと僕は思いました。毎年この手の設計展などに2つくらい呼ばれますが、先週は島田さんと京都で審査した時は結構意見が一致したのが多かったと思うけれど、今日はズレましたね。僕はそれで良いと思います。それだけみなさんの多様性が広がったということでしょう。今日は選ぶ作品の半分は今まで見たことないものをできるだけ選ぼうとしました。要するに、いわゆる卒業設計のパターンにはまっていないもの。それからやっぱり、ある程度オーソドックスな手数を踏んで、卒業設計の上位にいっても良いかなというか模範的になるものと、全く外れているもの。それらの真ん中のような作品は選ばなかった。ID108「Carpals」の河野くんは、ちょっと極端なほうですね。次のID114「映画館と地域の叙事詩」の竹内さんは、他の審査員からの票が入りませんでしたが、真面目な提案で良いと思いました。それからID117「『消費』と『アイコン』の関係変容から構築される新消費ん」の山崎さんはですね、良いと思ったけれど、卒業設計としてみんなの模範になるかと言うとならないだろうなというような感じです。それからID128「線との対話からうまれること」の宮原さんは、入れるのは僕だけだと思ったら意外と票が入りました。僕は結構衝撃的というか、ああいう出し方は今まで見たことないです。僕が良いと思ったのは、建築に全然なっていないので捨て身ですよね。全く評価されないか、すごく評価されるかの捨て身のところの度胸を買ったというか。それからID134「水郷暮らしの川湊」の杉山さんは、僕だけしか入れていませんが、杉山さんは平面図の色合いとパースの色合いに独特のセンスを感じて入れました。ある意味、卒業設計としては完成度が高いし、とてもセンスの良い人だなと思いました。それからID171「還拓の作法」の伊藤さんは、島田さんが言ったように非常に完成度が高い。彼には言いましたが、最近ノルウェーの建築家の評価が高まっており、そのトーンにとても似ているというか。大きくないけれど、ものすごく凝縮された空間をつくっていくということは、良いなと思いました。これはどちらかと言うと模範タイプです。最後にID176「余白不動産」の半澤さんは、これは他の先生方が言ったように可能性のある作品ですが、実はこのタイプはときどき卒業設計に出てくることがあって、ただ半澤さんなりの個性のようなものが出ていて、良い

なと思いました。

武藤　はい、ありがとうございます。それぞれの方のコメントが出たところで、本来であればそれぞれの学生の反論やプレゼンなどが聞けると良いのですが、今回そういったことができないということで、このままジャッジに移りたいと思います。票数だけを見れば、4票のID176「余白不動産」が最優秀、3票が2つあるのでID107「見えない壁をこえて」とID128「線との対話からうまれること」をそれぞれ優秀と決めてしまうか……。

内藤　その決め方は違うと思います。審査員が3番目や4番目と思って票を入れても、合計すると1番になってしまうことがよくあるので、やはりもう1回1番を決めるための票を入れたほうが良いと思いますが、どうですか？

島田　それで良いと思います。

武藤　はい。どこまでを最優秀のターゲットとしましょうか？ 2票入っているところ、あるいは……。

内藤　ここに選ばれた作品全部を対象に、票を入れると決まるのではないかな？

武藤　ここで最終的に3人を選ぶことになるので、一人3票を入れますか？ 一旦3票で重み付けなしの投票を挙手で行いますか？ ID176「余白不動産」、ID107「見えない壁をこえて」、ID128「線との対話からうまれること」、ID117「『消費』と『アイコン』の関係変容から構築される新消費ん」、ID171「還拓の作法」、ID175「Art Hacking Complex」から選んでください。

内藤　決まりましたか？ では、選んだ番号に挙手でお願いします。

武藤　3回手を挙げられます。

ID107 原田秀太郎『見えない壁をこえて ―ハンセン病を辿る資料館―』
近藤 三谷

ID117 山崎晴貴『「消費」と「アイコン」の関係変容から構築される新消費ん ―誘発の殿堂 メタ・モルフォーゼ―』
内藤 三谷

ID128 宮原美佳『線との対話からうまれること』
内藤 島田 近藤 三谷

ID171 伊藤謙『還拓の作法 ―干拓堤防のリノベーション計画―』
内藤

ID175 池本祥子『Art Hacking Complex』
島田

ID176 半澤龍『余白不動産 ―最高密度の都市を楽しむ―』
島田 近藤

武藤　ずいぶん状況が変わりまして、ID128「線との対話からうまれること」が4票、ID107「見えない壁をこえて」とID117「『消費』と『アイコン』の関係変容から構築される新消費ん」、ID176「余白不動産」がそれぞれ2票。ID128「線との対話からうまれること」

に満票が入っていますので、これを最優秀と言うことに……。

内藤　これはもう少し考えたほうが良い。これは僕らが議論しなきゃいけない。

近藤　最優秀はちょっとなあ。

内藤　最優秀は、来年の人も目標にする訳だから。

島田・近藤　うーん。

内藤　来年の人は線だらけになるかもしれない。

全員　（笑）。

内藤　こういう変わり者はそうそうたくさんいなくていいような気もする。どうする？

近藤　最優秀になるなら取り下げます。

武藤　では、最優秀だと思う人に一人一票入れます、それでよろしいですか？

ID107 原田秀太郎『見えない壁をこえて ─ハンセン病を辿る資料館─』
近藤　三谷

ID117 山崎晴貴『「消費」と「アイコン」の関係変容から構築される新消費ん─誘発の殿堂 メタ・モルフォーゼ─』

ID128 宮原美佳『線との対話からうまれること』

ID171 伊藤謙『還拓の作法 ─干拓堤防のリノベーション計画─』
内藤

ID175 池本祥子『Art Hacking Complex』
島田

ID176 半澤龍『余白不動産 ─最高密度の都市を楽しむ─』

内藤　僕は最優秀賞はID107「見えない壁をこえて」でいいと思うけどな。君たちはそれでいいの？

島田　僕はID107「見えない壁をこえて」はすごくきれいな提案で良いと思いますけど、やや卒業設計過ぎる。難しいところですよね。卒業設計過ぎない、過ぎるという間を選ぶというのは、最優秀でいいのかなというのはありますね。

近藤　僕は正直なところ消去法です。

島田　なるほど。

近藤　ID107「見えない壁をこえて」は、記念碑だと言った時点で評価軸が違ってきますよね。だからどうかという気はするけれど、今日見た中では一番総合的な完成度が高いし、最優秀を選ぶなら応援してあげたいな。

内藤　どうしよう。

島田　僕としては、まだ見ぬ価値に手が届きそうなものを推したいというのはあります。

内藤　2人が票を入れたんだからな。責任取れよ、ちゃんと（笑）。

全員　（笑）。

内藤　取る？大丈夫？

近藤　はい。

三谷　かなり優等生的だなという気もしていますね。それと対極にいるのがID117「「消費」と「アイコン」の関係変容から構築される新消費ん」やID128「線との対話からうまれること」とか。ただ、その2作品が最優秀かと言われると、やはり完成度と、来年の目標にされると違う気もしてしまうので、ID107「見えない壁をこえて」にします。

武藤　審査委員長である内藤さんは？

内藤　言いづらいけれど、ハンセン病がテーマの作品は結構毎年出ていますよね。既視感があったというか。それが心配。

近藤　なるほど。それは見ていなかったです。

内藤　わかりやすいけれど、もちろん非常にとても大事な問題であり、とても深刻な問題だけれど、結構今まで見てきた中でこの作品は、それほど前に見たものよりも高いレベルだとは思えない。

近藤　そういうことであればやめましょう。

島田　例えば、ID107「見えない壁をこえて」とID171「還拓の作法」で決戦投票はあり得たりしますか？僕はID175「Art Hacking Complex」というのはおそらく賛同は得られないと思っており、また、ID171「還拓の作法」が勝ったりしかねないため、話の流れでID171「還拓の作法」についてちょっと一言。

内藤　保守的すぎる。

近藤　何にチャレンジしているのか、僕はいまいちよくわからなかったです。上手くやりましたというように見えてしまう。

内藤　もう1回、ID128「線との対話からうまれること」かID176「余白不動産」かというのを議論してみますか？

島田　そうですね。今のところ、ID128「線との対話からうまれること」が1等であるべきなのかということで議論になっているのですが、他に候補があるとしたら、ID176「余白不動産」はどうですかね？

近藤　そうなるとID176「余白不動産」に1票入れたいという気がします。今日、他の人はみんなA1が2枚だったから、もしかしたらズルしているのかもしれないけれど、圧倒的なプレゼンテーションだったので結構良いなと思いました。

内藤　ID128「線との対話からうまれること」の応援をすると、大変だなというようには言ったけれど、みんな卒業設計という、何かこうステレオタイプにはまり込んでいる中で、ID128「線との対話からうまれること」のようなものを仮に最優秀にすると、かなり全国的に話題になるということもある。「これでいいのか？」みたいな、「なぜあいつらこれ選んだ？」みたいな、そう言われるのは気持ちが良いかなという……。

会場　（笑）。

島田　そういう目線でひとこと言わせていただくと、まぁ卒業設計とは社会性と私性の間でずっと振り子が振れていると僕は思っています。だから、一時期私小説みたいな作品というのがかなり出てきて、その際に日記のような作品みたいなのもあったと思いますね。おそらく、今日これだけ社会性の豊かな作品が出てきて、僕は非常にクオリティが高かったと思うけれど、私性という意味でID128「線との対話からうまれること」は非常に自分の深いところに降りていったということは評価できるかなと。だから先程、3票から4票になったのは、僕が票を入れたからですが、そういう点でID128「線との対話からうまれること」に賭けても良いかなと思ったところではあります。

近藤　全然着地しませんね（笑）。

内藤　もう1回、ID107「見えない壁をこえて」、ID128「線との対話からうまれること」、ID176「余白不動産」で手を挙げよう。同票の時は、審査員長は基本的に2票持っているつもりです。

島田・近藤　そうですね。

内藤　それで僕が入れた作品に決まると。

武藤・近藤　そうしましょう。

武藤　今まで満票になったID128「線との対話からうまれること」とID176「余白不動産」、最終決戦投票したID107「見えない壁をこえて」の3つを候補にして、お一人1回だけ手を挙げてください。

内藤　基本的にこれが上位3作品でいいよね？

武藤　最優秀と、残ったものが優秀という形でお願いします。

近藤　はい。

> ID107 原田秀太郎『見えない壁をこえて ―ハンセン病を辿る資料館―』
> [内藤] [三谷]

> ID128 宮原美佳『線との対話からうまれること』
> [内藤] [三谷]

> ID176 半澤龍『余白不動産 ―最高密度の都市を楽しむ―』
> [島田] [近藤]

内藤　じゃあ、ID128「線との対話からうまれること」だね。島田さ

んはそういうつもりでID176「余白不動産」に入れたの？

島田　そんなことないです。私性みたいな世界の話で言うと、ID176「余白不動産」も結構法律の狭間と自分の世界の両方があって、それも面白いんじゃないかと思って票を入れました。

内藤　まぁ、力作だよね。

武藤　では、ID128宮原さんの「線との対話からうまれること」がNAGOYA Archi Fes 2020の最優秀賞に決定でよろしいですね。おめでとうございます。続いてID176「余白不動産」、半澤さんが優秀賞です。おめでとうございます。ID107「見えない壁をこえて」の原田さんが優秀賞ということで、おめでとうございます。この3名が最優秀と優秀に決定しましたが、それぞれお一人ずつ個人賞を決めていただきたいと思います。この3名を除いて、できれば重複しないようにしたいです。

内藤　僕は、票が入らなかったけど、ID134「水郷暮らしの川湊」にしたいと思います。

島田　僕はさっきからずっと勝手に推しているID175「Art Hacking Complex」ですね。

近藤　じゃあID133「神社境界の準え」。

三谷　ID117「『消費』と『アイコン』の関係変容から構築される新消費ん」。

内藤　良かったね、山崎さん。

武藤　では改めて、最優秀1点、優秀2点、審査員の個人賞4点が決定ということで、みなさん改めておめでとうございます。

Award
Winners

NAGOYA Archi Fes 2020

入 選 作 品 紹 介

ID175

池本 祥子
Shoko Ikemoto

名古屋市立大学

Project

Art Hacking Complex

ID175

池本 祥子
Shoko Ikemoto

名古屋市立大学

Project

Art Hacking Complex

税関通過前の美術作品を収蔵し、イベント時には作品を取り出し展示を行うことで美術館的機能をもつ。施設の中には国内と海外の空間が混在し、作品を一般のビジターが鑑賞するにはパスポートが必要である。作品は日本の土地でありながら制度上は国内ではない場所に保管され、コレクターごとに収蔵庫をもつ。収蔵庫不足、大型作品の保管管理の難しさ、アート市場の国際化を背景とした提案。

作品講評

実現してほしい、見てみたいプラン。(稀温)

アートマネーの仕組み的には税金のかからない倉庫というのは、なかなか上手い。今日一番知的好奇心が刺激された。アートの収蔵庫をつくろうとしてここまでたどり着く、その飛距離みたいなものを感じ、非常に面白く話を聞かせてもらった。(島田)

小さいものが集合して大きな空間をつくっているが、見たことのない不思議なつくり方。形の理由は少し疑問点が残るが、まだ話し足りていない所がたくさんある気がした。(三谷)

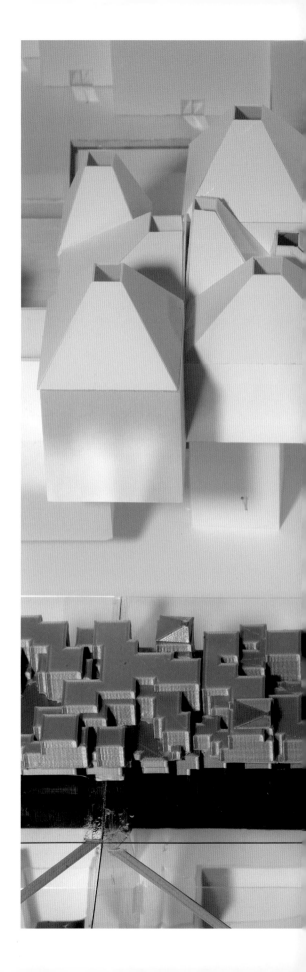

Art Hacking Complex

■PROGRAM

空港に隣接する美術作品専門の収蔵保管施設を提案する。

空港は様々な物流の拠点であり、数多くのアート作品が海外から運ばれる。この建築は、税関を通過する前の美術作品を収蔵保管し、イベント時には収蔵庫から作品を取り出し展示を行うことで、美術館的機能も果たす施設である。

施設の中には国内と海外の空間が混在しコレクターの収蔵作品を一般のビジターが鑑賞するにはパスポートを持って入る必要があり、作品自体は日本の土地でありながら制度上は国内ではない場所に保管されコレクターごとに収蔵庫をもつ。

アート界隈における収蔵庫不足、大型作品の保管管理の難しさ、アート市場の国際化を背景とし提案する。

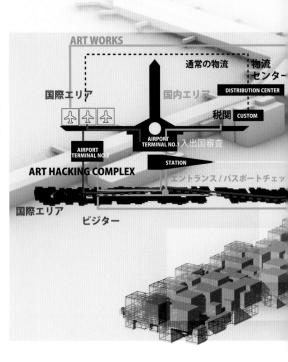

■PLAN

■ 一般公開エリア(ギャラリー / 通過動線 / 収蔵展示など)
□ アクティブエリア(ワークショップ / ショップ / ライブラリー / 事務など)
■ 収蔵庫前室エリア(前室 / 修繕室 / 短期間収蔵庫 / など)
■ コレクター収蔵庫エリア(収蔵庫)
□ アクティブエリア(エントランス / カフェ / ホール / レクチャールームなど)

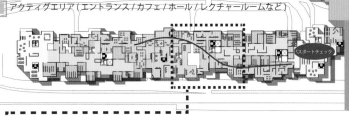

主要階層平面1 (GL から +16000)

主要階層平面2 (GL から +8000)

▼拡大

視線が入り混じる国内エリアと国外エリア、施設のウラとオモテ

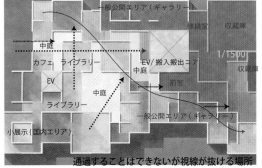

通過することはできないが視線が抜ける場所

収蔵作品の一般公開エリア(ギャラリー)は、空港利用者の通過動線となり、国内エリアの人が様子を伺うことができる。また、カフェ、ライブラリー、中庭、ギャラリー、修繕室というように、国内と国外、美術館的機能のウラとオモテの空間が、たとえ動線として通過できなくても視線の流れとして空間を共有し入り混じる。

58

アート作品専門の収蔵庫の集合体で形成されるメガストラクチャー　ボクセル化された雲のようであり
空の便をつなぐ人口島にそびえ立つ。群雲の中を突き抜ける稲妻のように人とアート作品が国内でも海
外でもない・ウラでありオモテでもある空間を交差する。

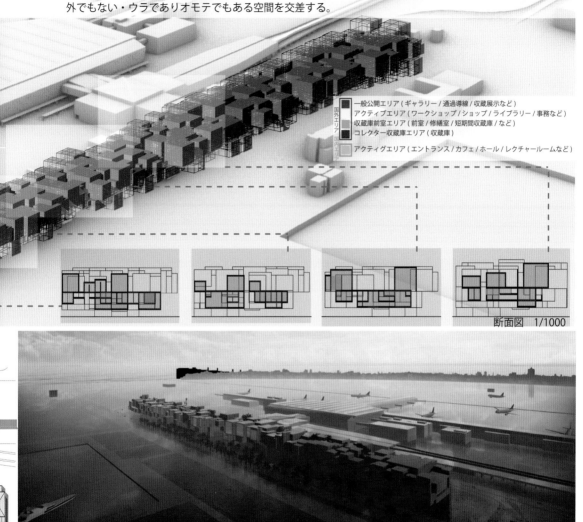

一般公開エリア (ギャラリー / 通過導線 / 収蔵展示など)
アクティブエリア (ワークショップ / ショップ / ライブラリー / 事務など)
収蔵庫前室エリア (前室 / 修繕室 / 短期間収蔵庫 / など)
コレクター収蔵庫エリア (収蔵庫)

アクティグエリア (エントランス / カフェ / ホール / レクチャールームなど)

断面図　1/1000

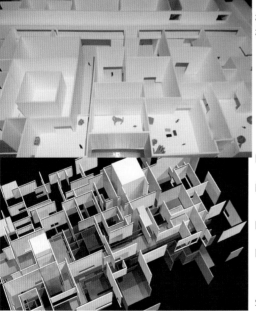

構造主体から吊るされるボリュームと上に乗っかるボリュームと
構造主体を支えるボリュームから構成される

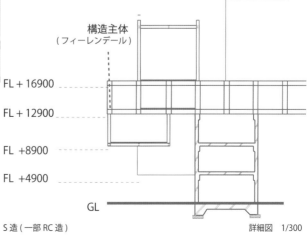

構造主体
(フィーレンデール)

FL + 16900

FL + 12900

FL +8900

FL +4900

GL

S 造 (一部 RC 造)　　　　　　　　　　　　　　　　　詳細図　1/300

（2日目）
最優秀賞
The Highest Award

ID128

宮原 美佳
Mika Miyahara

椙山女学園大学

Project

線との対話から
うまれること

最優秀賞
The Highest Award

ID128

宮原 美佳
Mika Miyahara

椙山女学園大学

Project

線との対話から
うまれること

この取り組みは「線を引く」という行為と、ある空間での感動的な体験がきっかけとなっている。自分が積み重ねてきた行為からうまれるものはあるのかということを考える。

作品講評

結構衝撃というか、今まで見たことがない作品。建築に全然なっていないので、全く評価されないか、すごく評価されるかの捨て身の度胸を買った。（内藤）

二次元や三次元ではなく、四次元というか時間が入っているのかもしれない。時間軸が入ることで伝えられるような、ツールと言ってはいけないような気がした。（武藤）

線の三次元化のようなものが表現として面白い。模型もなくドローイングだけで建築が働き、その詩的なドローイングなど共感する部分も多い。日記のように触発されたものをスケッチに描き留めるという手法や、実際に建築としてつくった時にそれがどう効いてくるのかなどの発展する余地に新しさを感じた。（三谷）

線との対話からうまれること

背景

今日はだれとも会いたくないと思うとき　毎日の生活から少しだけ逃げ出したくなるとき　なかなか眠れない夜・・・
そんなとき、私はいつも線を引きながら考え事をしていることに気がつきました。いつから始めたのか、はっきりとは分かりませんが、それは誰も知らない私の習慣でした。
線を引くときは悩んでいるとき、苦しくなってしまったときなど様々です。それは気持ちの整理をするためのものであり、自分を進める上で必要な時間でした。
また、ある建築を体験した時の感動が忘れられません。人やその場の状況に関係なく、空間そのものが人の感情を変えてしまうことがあるのだと思い、より一層建築に対する興味が湧きました。
これらの線と感動、感情と空間の繋がりから、線が空間へ結びつくことはないのか、自分が積み重ねてきた行為からうまれるものはあるのかということを考える。

空間とドローイング

実際に線から空間を生み出す事例があるのかを調査する。建築物ある。これらの線は実際の建築空間を生み出す途中のものである

Fondation Louis Vuitton / Frank Owen Gehry　　Phaeno Scie

これまでの取り組み

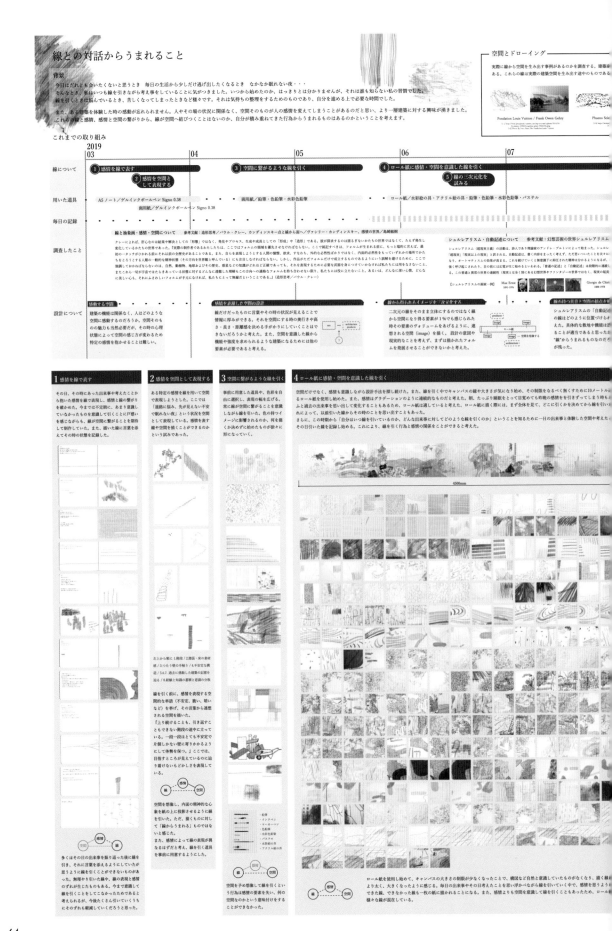

	2019 03	04	05	06	07
線について	①感情を線で表す ②感情を空間として表現する	③空間に繋がるような線を引く		④ロール紙に感情・空間を意識した線を引く ⑤線の三次元化を試みる	
用いた道具	A5ノート／ゲルインクボールペン Signo 0.38　画用紙／ゲルインクボールペン Signo 0.38	画用紙／鉛筆・色鉛筆・水彩色鉛筆		ロール紙／水彩絵の具・アクリル絵の具・鉛筆・色鉛筆・水彩色鉛筆・パステル	

毎日の記録

調査したこと

線と抽象画・感情・空間について　参考文献：造形思考／パウル・クレー、カンディンスキー点と線から面へ／ヴァシリー・カンディンスキー、感情の世界／為崎敏穂

設計について

1 感情を線で表す

その日、その時にあった出来事や考えたことから思い出す感情を線で表現しようと取り組んだ。...

2 感情を空間として表現する

ある特定の感情を線を用いて空間で表現しようとした。...

3 空間に繋がるような線を引く

事前に用意した道具や、色彩を自由に選択し、空間を表現しようとした。...

4 ロール紙に感情・空間を意識した線を引く

空間だけでなく、感情も意識しながら設計手法を探し続けた。...

4500mm

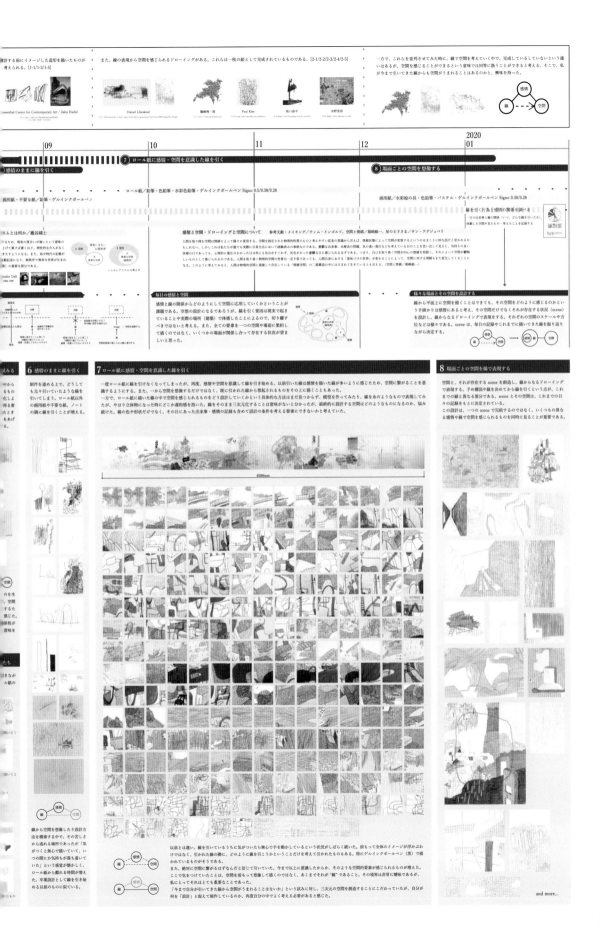

09　10　11　12　2020　01

⑦ ロール紙に感情・空間を意識した線を引く

⑧ 場面ごとの空間を想像する

---

6 感情のままに線を引く

7 ロール紙に感情・空間を意識した線を引く

8 場面ごとの空間を線で表現する

（2日目）
優秀賞
Merit Award

ID107

原田 秀太郎
Syutaro Harada

名古屋市立大学

Project

見えない壁をこえて
ハンセン病を辿る資料館

優秀賞
Merit Award

ID107

原田 秀太郎
Syutaro Harada

名古屋市立大学

Project

見えない壁をこえて
ハンセン病を辿る資料館

差別偏見のあったハンセン病。患者の減少に伴い薄れゆく記憶。この痛みを建築で残し、伝えていくことはできるのか。ハンセン病史を辿るクロニクルな建築の提案。差別偏見の「壁」の先に見えるものとは。

作品講評

一見すると詩的な施設をつくっているように見えるが、入念なリサーチと、既存の壁などを上手く活用している。また、それを感じさせない空間の現し方をしていると思う。(三谷)

間にある壁が既存の壁だと聞いて少し見方が変わり、それを巡って慰霊空間のようなものを巡礼するように見るという計画の美しさを評価した。(島田)

地域との関係を閉ざされていたので、本当にここにつくるべきだったのかは疑問が残るが、ハンセン病の意味をどう捉えていくのか、隔離的、集めてしまうというとても難しい問題だが、頑張って解いている。面白い提案だと思う。(武藤)

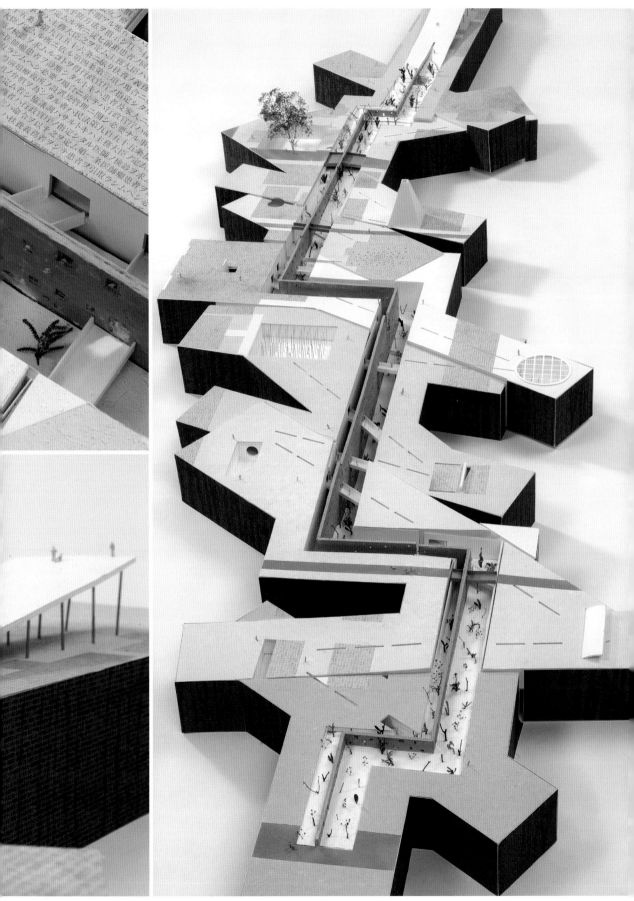

見えない壁をこえて
ハンセン病を辿る資料館

差別偏見のあったハンセン病。
患者の減少に伴い薄れゆく記憶。
この痛みを建築で残し、伝えていくことはできるのか。
差別偏見の「壁」の先に見えるものとは。

▼1734

入所者数（人）

1900　　1910　　1920　　1930　　1940　　1950　　1960　　1970

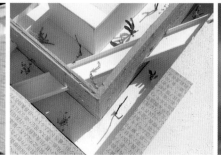

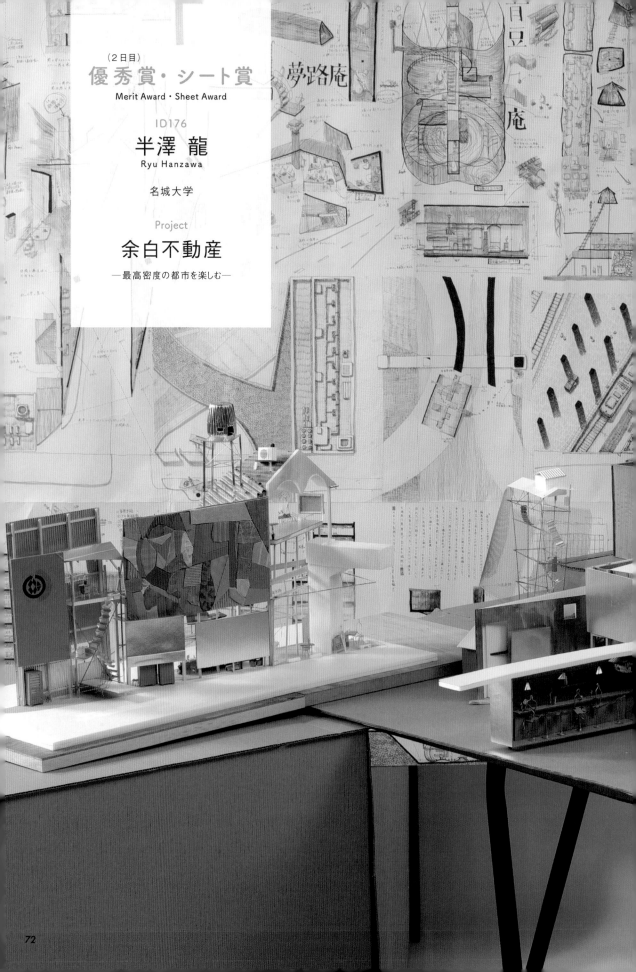

（2日目）
優秀賞・シート賞
Merit Award・Sheet Award

ID176

半澤 龍
Ryu Hanzawa

名城大学

Project

余白不動産
—最高密度の都市を楽しむ—

（2日目）
優秀賞・シート賞
Merit Award・Sheet Award

ID176
半澤 龍
Ryu Hanzawa

名城大学

Project
余白不動産
―最高密度の都市を楽しむ―

仕事も生活も上手く行かず、身動き取れないような息苦しい都市に立つ一人の男性。彼の全てを一晩、一身に受け止める建築を設計する。その建築は、ビルの隙間や高架下、線路脇のデルタ地帯など都市の副産物を敷地とし、余白不動産と名付けた。そこはあまり整備されていない「裏」の空間であり、でもそれが悪い訳ではなく、むしろ都市の原風景の一つとして野性味のある魅力的な場所だと捉えた。

作品講評

着目している隙間と法規的な抜け穴、その組み合わせはとても面白い。不動産と言っているので、賃料や販売価格といったものをファクターとして入れていくともっともっと面白くなっていくと思う。（武藤）

一つずつ見ると少ない手数だが、集まった時に都市を変えていく、すぐにでもできそうな余白の使い方を感じ、可能性がないような場所に可能性を感じ空間化していく力量を評価した。（三谷）

法律の隙間みたいなところに着目したような面白く、やや癖が強い表現で、独自の世界観があり魅力的だなと思った。（島田）

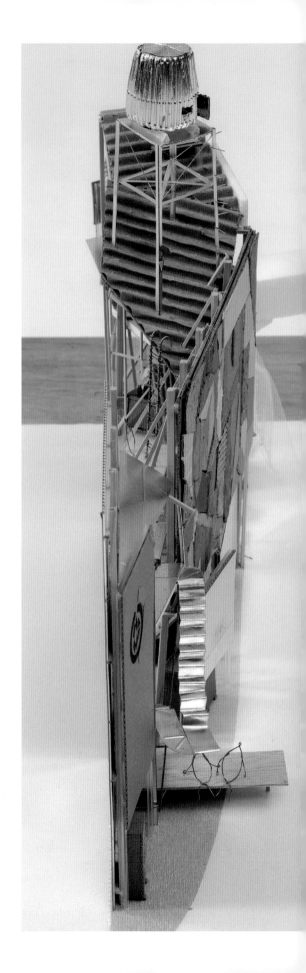

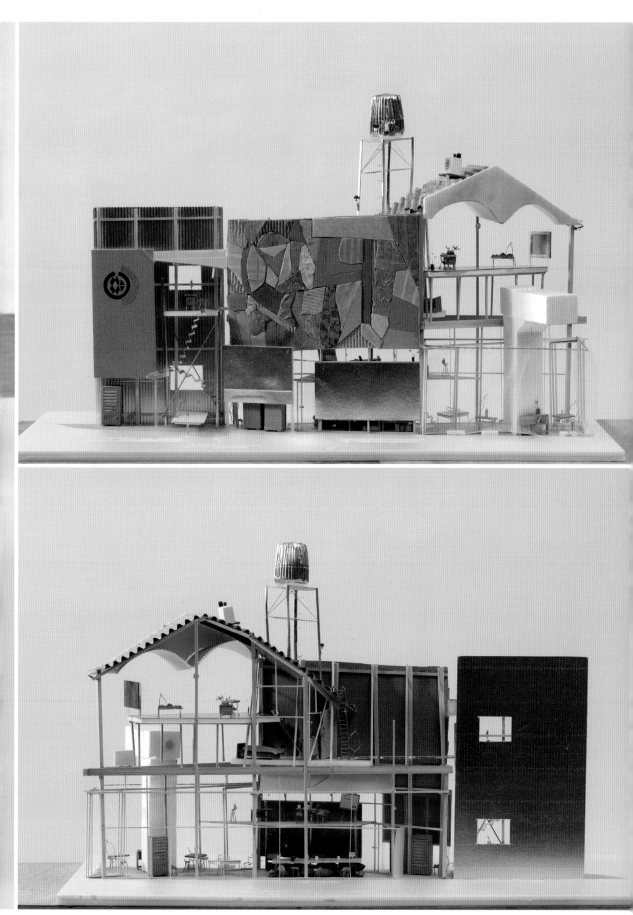

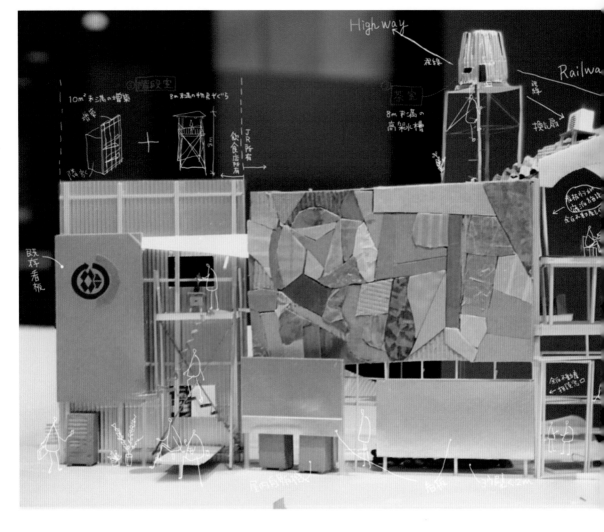

PHASE 00　余白不動産（都市計画のバグ）の収集

自動販売機を置く場所を街から見つけ、所有者と交渉する専門の職業がある。余白不動産は彼らと同じように都市に活用されていないスペースを見つけ交渉し、ストックする。そのためにはまず街中を歩き、観察眼を磨く必要がある。

全ての航空写真は、Google Earth より引用。

fig.1
設計例 Site: この敷地の1番の魅力を見、誰も建物を建てようとは思わない細長さ。これはいくつものインフラ重なってできたものだ。更に所有が2つ領域に分かれており、面的な縛りを2倍にできる事、また通う法規を適用できるので組み合わせによって表現の幅が広がると考えた。

全ての航空写真は、Google Earth より引用。
fig.1 国土地理院地図 より引用。

PHASE 01　余白の分類＝不動産に標準化

余白の定義というのは、とにかく使われていない匂体無い場所である。例えば、身長が170cmの私の部屋で、自分の背より高い頭から上の空間は余白といえ、収納などに活用できるかもしれない。このように、余白不動産では普段見えない都市の余ったスペースを発掘していく。ここで重要となる視点が「流れ」である。

表 1．余白の生じ方の幾何学的分類

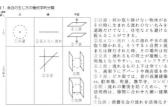

FLOW　敷地の不動産化と設計工程

本提案はPHASE 01での余白の分類を元に、PHASE 02で法規的な対策を練る。そして建築の基本構成を決定したのちに、PHASE 03のセルフビルドによって外部を内部化し、スラブを足すことで空間を作る。また＋αとして余白を、日本の都市空間を体感する絶好の場所と捉えた。換気扇やダクトなど、余白不動産ならではの都市のエレメントを収集し、不動産化する途中で漂白された敷地固有の魅力回復に努めた。

PHASE 01 余白の不動産化・分類	PHASE 02 法律の抜け穴・対策	PHASE 03 セルフビルド	＋α 固有性の回復
敷地分析	基本構成の設計	内部化・空間化	不動産化によって漂白される各敷地の魅力を、付
余白を7つに分類し、評価・設計の対策を行えるようにした。	敷地に適した法規から基本構成を決める。算出不要な工作物・建物物を算出し、その土地の所有者の許可のみで建築を行えるようにした。	PHASE02の骨格に薄や スラブをセルフビルドで作る事で空間化し、固有性からもデザインコードが反映され、空間にリズムをつけている。	加価値として取り入れる。PHASE02の設計にはフィードバックされるようにした。

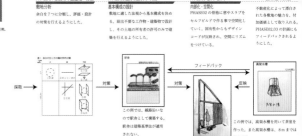

FLOW　建築工程例

この建築は、余白不動産を自身の受付窓口と設計事務所、余白を体験できるホテルとして設計した。

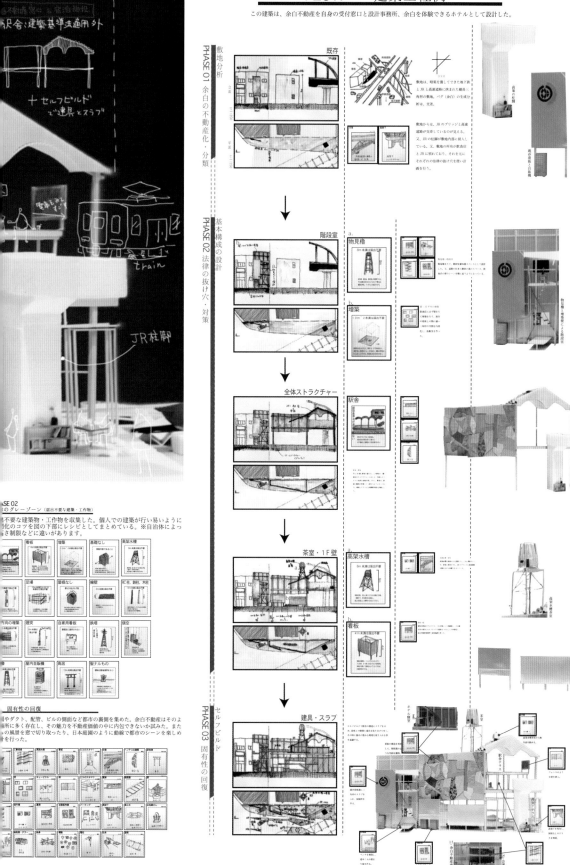

大竹敏之賞
Toshiyuki Otake Award

ID109

糸岡 未来
Miki Itooka

信州大学

Project

妻籠舎

―木造小学校校舎の意匠を活かす
廃校舎の活用―

昨今、少子化をはじめとするさまざまな問題を背景とし統廃合される小学校が増加している。各自治体にとって廃校施設の有効活用は喫緊の課題である。小学校の校舎は誰しもに馴染みがあり、地域施設として再生させることにおいて高いポテンシャルを持っている。愛着の要因である小学校らしさを小学校の意匠から読み取りそれを活かす改修を行うことで、地域の内外に有効である木造小学校校舎の再生を行う。

妻籠舎
木造小学校校舎の意匠を生かす

木造の小学校校舎は、地域の新しい拠点となり、地域
そして、この場所から観光客と住人をとの繋がり『車

提案・設計概要

かつて、小学校は近代明治期の学制改革の時期に「歩いて通える範囲」を基準として全国の各地域にくまなく整備されたが、少子化や都市化に伴う地方での人口減少、一次産業衰退による農山村の過疎化などの様々な問題を背景に現在廃校が増加している。毎年約500前後の小学校が廃校となっており、各自治体では廃校の有効活用が喫緊の課題となっている。その中でも、木造の小学校校舎は特有のデザインがあり、地域で愛着を持たれた建物であることが多い。一方で、木造校舎のイメージは多くの人と共有可能で誰もが魅力を感じる。このデザインを活かすことができれば、地域内外にインパクトを与える有益な活用が可能である。そこで本提案では長野県南木曽町旧妻籠小中学校を対象とし、小学校校舎特有の意匠を捉え、それらの意匠を活かすことで地域住民の愛着を持続しながら地域外にも有効な木造廃校舎の再生を目的とする。

調査による意匠の活用

① 木造小学校の校舎の建物そのもののスケール感にまつわる意匠
県内の木造廃校舎を調査し特徴を把握→空間の活用
活かしたい箇所：階段室

② 身体的スケールに深く関わる意匠
校舎内の実測により把握→スケールを踏襲
活かしたい箇所：通常階段と手すり、箱階段、各教室の入り口の高さ

③ 地域が生んだその校舎のための意匠
細部や、建具に現れる意匠→そのまま残す
活かしたい箇所：廊下と教室の間の建具、壁、家具

敷地：長野県南木曽町妻籠地区

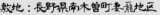

長野県
旧中山道が通り、10箇所のかつての宿場町を残す木曽郡

長野県木曽郡南木曽町

対象敷地：
木曽郡の長野県南西の宿場町。保存地区として最も長い歴史を持つ。

敷地は長野県南木曽町妻籠地区である。妻籠地区は伝統的な宿場町の街並みを保存する「妻籠宿」を有する観光地としての側面を強く持つまちである。妻籠宿の観光客は海外からの旅行客を中心に年々増加しており、宿泊施設の不足など観光客へのサービス供給が不足しているという現状がある。
旧妻籠小学校に関しては、現在はほとんど使用されておらず、校舎の左側部分を取り壊し新しい公民館を建設することも考えられている。

▲妻籠宿の風景。旧中山道の宿場町が当時の面影を残したまま保存されている。S43年に全国に先駆けて街並みの保存を開始した。

旧妻籠小学校の意匠 〜建具、什器、装飾〜

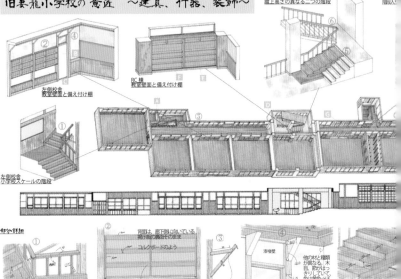

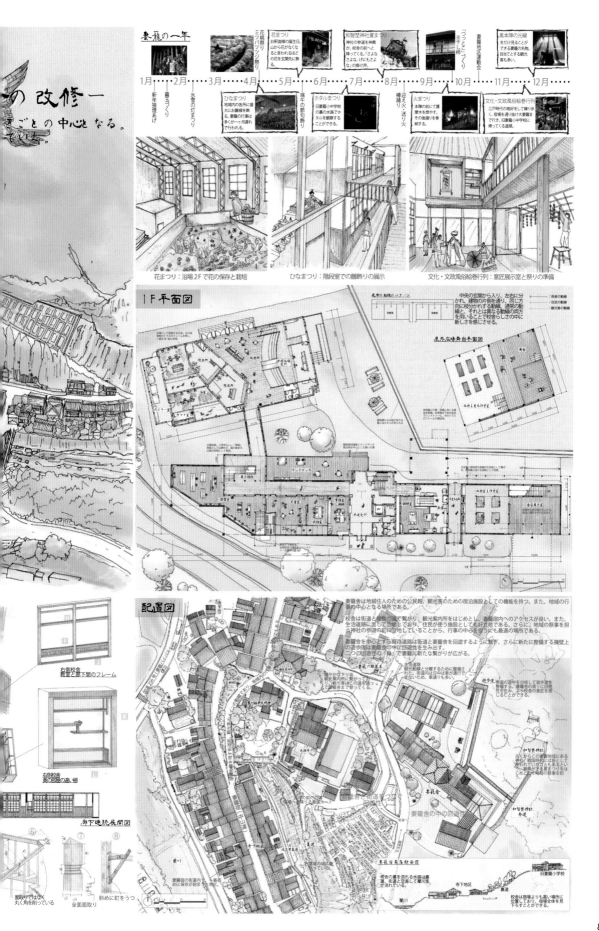

妻籠の一年

花まつり：浴場2Fで花の保存と栽培　ひなまつり：階段室での雛飾りの展示　文化・文政風俗絵巻行列：意匠展示室と祭りの準備

1F平面図

屋外広場舞台平面図

配置図

（1日目）　（2日目）
稀温賞・三谷裕樹賞
Kion Award・Yuki Mitani Award

ID117

山崎　晴貴
Haruki Yamazaki

金沢工業大学

Project

「消費」と「アイコン」
の関係変容から
構築される新消費ん

―誘発の殿堂 メタ・モルフォーゼ―

建築によって発せられるイメージは人々の思考、
行動を固定化する一面が存在する。建築空間
によって人々の「消費」に対する考え方や行動
の選択肢を広げることによって、消費者を現状
の根付いているイメージから解放する。

作品講評

1パーツごとのアイデアが面白い。建築としては
弱いのかもしれないが、パーツで切り離し、連作
にしていったら良いかもしれない。（稀温）

駄洒落のオンパレードで、面白そうな感じはする
けれど、看板倒れな感じも。どんなに面白いことで
も建築学科だから空間に落とし込まないといけ
ない。まだ少し修練が足りない気がする。（近藤）

やんちゃな感じで良い。真面目じゃないってこと
を通したほうが良いのではないか。（内藤）

楽しいプレゼンを聞かせてくれ、その姿勢もとても
評価できる。既存の店を観察した上で、アイロニ
カルな発見をしているところもありながら、しっかり
と新しい空間のフックをとてもバランスよく配置し
ていた。スタディの面白さを感じた。（三谷）

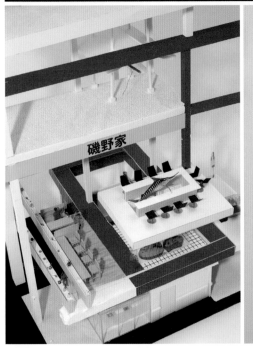

誘発の殿堂　メタモルフォーゼ

「消費」と「アイコン」の関係変容から構築される新消費ん

UNIBEN（ユニクロ × 弁当）

グランドオープン

代替庵（スーパー銭湯 × タトゥー利彫 × 髪染め、整形クリニック）

磯野家（回転寿司 × 生け花）

華三枡

ハイハイハイ × ビリテテド

ユニコンセプト（シネチ × コンテクスト）

84

（1日目）

三宅博之賞
Hiroyuki Miyake Award

ID139

佐賀 恵斗
Keito Saga

金沢工業大学

Project

水際の系譜

誇りを失ってしまったまちの誇りを取り戻すための強さをもった建築の提案。

作品講評

水際に少しせり出したような建築をつくっている。土木的なものでもありながら、親水空間、実際に水の中に入るというもの。道の拡張をしながら水と向き合う場所として可能性を感じた。（三谷）

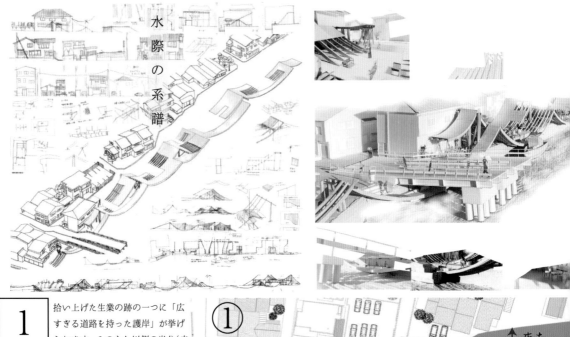

水際の系譜

拾い上げた生業の跡の一つに「広すぎる道路を持った護岸」が挙げられます。そのうち川側の半分（赤色）を大野の外から来た漁業組合が占拠しており市民が近づけないのが現状です（①）。そこで、漁業組合の**管理体制を②のようにジグザグに変えます。**生業の跡が持つ奥行きを、公園のような奥行きへと変えます。そうすることで、**市民と組合が生業の跡が持つ奥行きを共有できる**ようになります。

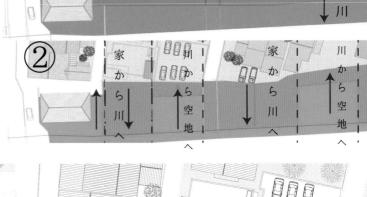

① まち／川

② 家から川へ／川から空地へ／家から川へ／川から空地へ

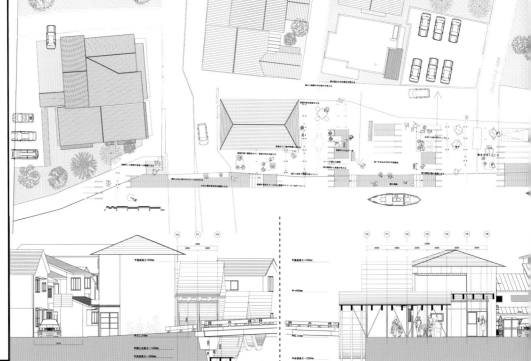

0 プロジェクトの概要

失われたまちの誇りや自信を取り戻すために建築に何ができるのかを考えます。金沢市大野町はかつて「廻船業」という生業があり北前船の寄港地として栄えていた場所でしたが、金沢港の巨大な開発により、生業が終わりを迎え、1000年以上付き合ってきた川と向き合うことをやめてしまいました。しかし大野は、生業のために町を築いてきたからこそ、まちに特殊なカタチやスケールが残っています。そこで、本プロジェクトでは、**大野に残された生業の跡を拾い上げてまちと市民を強く結びつける建築を作る**ことで、失われたまちの誇りを取り戻すことを目的とします。

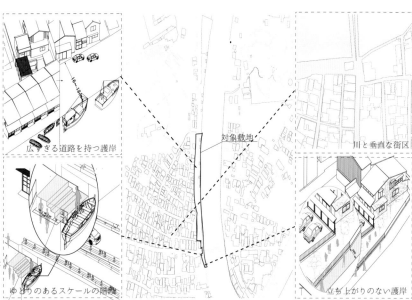

広すぎる道路を持つ護岸

対象敷地

川と垂直な街区

ゆとりのあるスケールの階段

立ち上がりのない護岸

2 提案

大野のまちをどう捉えているのかまちの人にヒヤリング調査をしたところ「大野はなにもないまち」という声が多く、まちの人がまちに誇りを持てる状態ではないのが現状です。大野が大野の人たちにとって誇れるまちになるために**波型という強い形**を提案します。波型は生業の跡とまちのひとを強く結びつけるための形式です。波型が300mにわたって連続して建ちあがることで町の人が波型を使いこなす風景が生まれます。

南面を向いた波形に漁師たちが網を干す

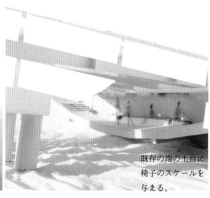

既存の端の土台に椅子のスケールを与える。

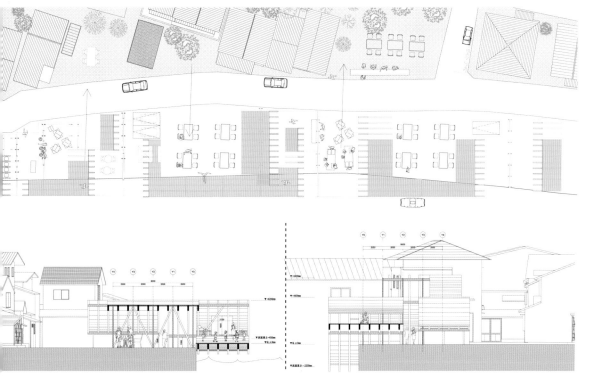

ID134

杉山 莉奈
Rina Sugiyama

名古屋工業大学

Project

水郷暮らしの川湊

かつて水害に悩まされた土地は水を管理することによって安全を獲得した。地域に忘れ去られた排水機場を舞台に、その人工的に水位をコントロールできるポテンシャルに着目した。さらに、埋もれた街中の水路を可視化し、建築から一連に伸びる水路網を確立することにより、建築は水を介して街と繋がり、人工的に雨と晴れの日で水位が異なる「ハレとケ」の親水空間とそこから生まれる人々の自然偶発的な振る舞いをつくり出す。

作品講評

平面図の色合いとパースの色合から独特のセンスを感じる。ある意味、卒業設計としては完成度が高いし、とてもセンスが良い。（内藤）

この話、とても良いと思う。ただ、作品を見るととても大げさな感じがする。もう少し、ヒューマンスケールの雨と傘と自分みたいなことが盛り込まれていると良かったと思う。（武藤）

派手な形態に目がいきがちだが、しっかりとした検討が重ねられている点に好感がもてる。ただ、もう少し背景を丁寧に説明し、周辺環境も含めた調和が見られるとなお良かった。（近藤）

水郷暮らしの川湊

人工的な水位変化が作り出すハレとケの空間

sunny　　　rainy

■| SITE　排水機場によって守られた「水の都」

岐阜県大垣市

水源が豊富だが昔から水害が多発

▼

水位をコントロールすることで
水害から街を守ってきた
「川の排水機場」

現在：人々から忘れ去られている

■| CONCEPT　土地と排水機場のポテンシャルを生かす建築の提案

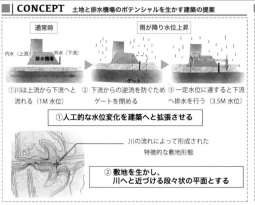

通常時 / 雨が降り水位上昇

内水（上流）　外水（下流）　排水機場

①川は上流から下流へと
流れる（1M 水位）

②下流からの逆流を防ぐため
ゲートを閉める

③一定水位に達すると下流
へ排水を行う（3.5M 水位）

①人工的な水位変化を建築へと拡張させる

川の流れによって形成された
特徴的な敷地形態

**②敷地を生かし、
川へと近づける段々状の平面とする**

■| DIAGRAM　雨と建築と私　空間への紡ぎだしと川と人を近づける建築形態

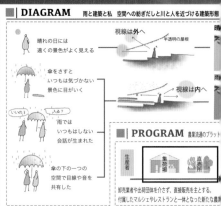

晴れの日には
遠くの景色がよく見える

視線は**外**へ

半透明の屋根

傘をさすと
いつもは気づかない
景色に目がいく

視線は**内**へ

雨では
いつもはしない
会話が生まれた

傘の下の一つの
空間で目線や音を
共有した

■| PROGRAM　農業流通のプラット

生産者　集荷場　直売所

卸売業者や出荷団体を介さず、直接販売を主とする。
付属したマルシェやレストランと一体となった新たな農業

川の排水機場のリノベーション計画。排水機場が人工的に水位変化を行うことができるというこの土地のポテンシャルを活かし、水位変化に影響を及ぼす天気によって空間と人々の行動が変化する。特に、雨によって「人と人」「街と建築」が偶発的な繋がりを持つ空間を計画した。特徴的な屋根形態は雨によってダイナミックな水の振る舞いと繊細な空間変化をもたらし、人々の視線や動線を誘導させながら様々な行為の受け皿となる。

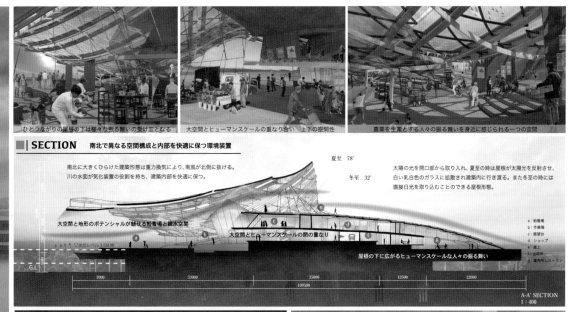
ひとつながりの屋場の下は様々な振る舞いの受け皿となる　　大空間とヒューマンスケールの重なり合い　上下の空間性　　農業を生業とする人々の振る舞いを身近に感じられる一つの空間

■| SECTION　南北で異なる空間構成と内部を快適に保つ環境装置

南北に大きくひらけた建築形態は重力換気により、南風が北側に抜ける。
川の水面が気化装置の役割を持ち、建築内部を快適に保つ。

夏至　78°
冬至　32°

太陽の光を開口部から取り入れ、夏至の時は屋根が太陽光を反射させ、白い乳白色のガラスに拡散され建築内部に行き渡る。また冬至の時には直接日光を取り込むことのできる屋根形態。

大空間と地形のポテンシャルが魅せる射着場と観水空間

大空間とヒューマンスケールの間の重なり

屋根の下に広がるヒューマンスケールな人々の振る舞い

水位レベル3.5M地
G.L

7000　33000　35000　12500　22000
109500

a:船着場
b:作業場
c:展望台
d:ショップ
e:屋上
f:出品所
g:直売のレストラン

A-A' SECTION　1:400

展望台からは排水機場に守られてきた大垣の街並みが一望でき、川への意識が高まる

■| SISTEM　建築が街とつながる水路計画

平常時：段々状の水路は歩車分離も果たし緩やかな広場になる

雨天時：水上直売所が街まで繰り出し、新しい風景が生まれる

既存の水路を可視化し、建築から一連につながる水路網を形成する。排水機場の機能が水路によって街へと拡張され、雨と晴れで変化する新しい農業インフラを周辺地域一帯に形成される。

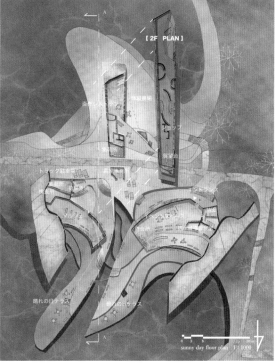
【 2F PLAN 】

sunny day floor plan　1:1000

近藤哲雄賞
Tetsuo Kondo Award

ID133

児玉 祐樹
Yuki Kodama

名古屋大学

Project

神社境界の準え

境界とは空間を「わける」と同時に「つなぐ」ものである。尾張国一宮として街の発展や、人々の信仰の中心であった真清田神社は、塀内の空間を商店として貸し出し、街とのつながりをもつ塀があった。しかし現在はシャッター通りと化し、ただ空間をわけるだけのものとなっている。そこで、塀内に空間を持つという特徴から、旧境内に建てられた公共施設の建て替えとともに、街とのつながりを取り戻す新しい街と神社の境界を提案する。

作品講評

計画的には良いが、回廊を回したことや、軒下の空間の関係などもっと語らないと、折角良いアプローチなのに最終的に物足りない。今後はそういうところを勉強したほうが良いと思う。（内藤）

着眼点とアイデアは大変良いと思った。対象とする時間のスパンは長く、濃密な人間のふるまいを想像し気候風土や町のうつりかわりにも踏み込むような、力強い提案になったかもしれない。しかしスタディが少なすぎておとなしい提案にとどまってしまったことが少し悔やまれる。（近藤）

神社境界の准え

境界とは空間を「わける」と共に「つなぐ」ものである

塀内に空間をもつ敷地の特徴をもとに、旧境内地に建つ公共施設の建て替えによって街と神社のつながりを取り戻す「へい」の提案

Site｜愛知県一宮市真清田神社

一宮市は真清田神社を中心に市街地が発展、尾張国の一宮として信仰の中心であった。

この市の一番の祭りである七夕祭りや桃花祭では多くの人で賑わうが、参拝者数は年々減少、街と神社の繋がりが薄れてきている。この真清田神社含む1街区を対象敷地とする。

Problem 01｜街とをつなぐ塀の衰退

祭り道具の倉庫であった塀内空間を、戦後貸し出し、商業が行われたため賑わいがあった。

また、賃料は神社の戦災復興費の一部となり、神社と街の密接なつながりのある場所であったが高齢化、経済の発展とともにシャッター通りとなり、つながりが分断された。

Problem 02｜旧境内の公共施設

本敷地はかつてはすべて境内であったが、戦後減歩により北側約40%が公共用地となり、公共施設が建設された。境内にそぐわないボリュームにより神聖さが損なわれた。また、築40年以上が経ち、更新時期が迫る。

樹木の残された本殿裏は公園とされているが、人の寄り付かない場所となってしまった。

Process 01｜塀の再構成

現在の塀の特徴を残し、新たに街と神社をつなぎ、わける「へい」を

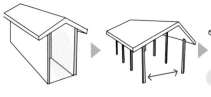

現在の塀は壁で構成され内部に空間がある

塀を柱によって構成、敷地の状況に応じて幅を広げる

ゆるや街と神社

Process 02｜塀内の境界

塀を構成する要素の操作によりまちから神社への空間の変化を感じさ

・屋根 移動時の緊張感の変化をつくる

神社側の勾配を大きく軒先高さを下げる

・段 動作、視線の変化により移り変わりを表す

周辺に対し盛り上がる敷地のレベル差を利用「あがる」という動作で空間の切り替わりを意識させる

・格子

格子

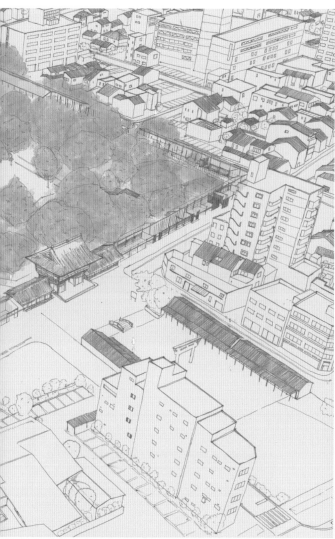

神社内部から見ると門と一体となり街と境内をわける境界となる

鎮守の森と塀に囲まれた内側の空間は都市にありながら森の中で遊ぶことができる

南東敷地外へのアプローチ

南西部分の「へい」内空間

街路からみた「へい」

Process 01 | 塀の再構成

公共施設の機能や塀内に残る機能を中心に、敷地や
周辺の人々の動きから招き入れるように平面構成する。

・参拝者

・社会人、大学生

・小学生、中学生

・主婦

・ランナー

——— 新たな動線

- - - - 現在の動線

・配置図兼平面図

ID103

皆戸中 秀典
Hidenori Kaitonaka

愛知工業大学

Project

Apartment コウボウ

―生業集約型賃貸住宅―

「この町にいいところなんかないよ」。瀬戸に暮らす人がそう言った。この町には、長い間人々の生活の中心として暮らしを支えたやきもの文化があるが、郊外化により出来た新興住宅に住む人の中にはそれを知らない人も多い。そんな人々に、「瀬戸に暮らす＝やきもの文化と共生する」、その意味を考えて欲しい。これは瀬戸に暮らす人々が「ツクリテのための住宅」を通して、瀬戸での暮らし方について今一度考えるきっかけをつくる提案である。

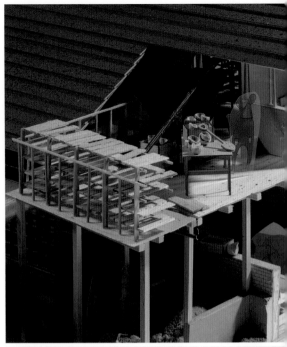

郊外集落における生業集約型賃貸住宅

Apartment コウボウ

01 計画地域 / 愛知県瀬戸市

a やきもの文化の衰退

窯業関連事業所数と従事者数の推移

瀬戸市はせともので有名なやきものの町である。しかし、安い海外製品の流通によるニーズの減少が起こったために、やきもの文化は縮退した。それに伴い、瀬戸に暮らす人々の生活も個の暮らしへと変容している。

b 瀬戸市で注目される人々「コウボウ」

瀬戸焼の技術・風土を生かし、ものづくりを行う人々。瀬戸市では行政・NPOを中心にツクリテを支援する様々な政策を打ち出している。その結果、2017 年のせとまちツクリテセンター開設以降も順調に増加しているが、まだまだ地域住民からの認知度は低く、地域内への活動の広がりは小さく止まっている。

ツクリテ

2017 年
ツクリテセンター開設

2019 年夏
登録者数 200 人超

b ツクリテを介したやきもの文化の存続

現状　提案

文化の消失

画一的な町へと変化

ツクリテの介入

やきもの文化の継承・存続へ

ツクリテが地域内に居し、関わりを持つことがやきもの文化を継承していくことにつながると、瀬戸の集落に人々の生活の中にやき文化を再び取り戻していくきっかけになりうるのではないだろうか。

02 提案 /Apartment コウボウ

コウボウが地域で生み出す相関性

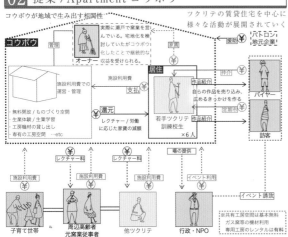

ツクリテの賃貸住宅を中心に様々な活動が展開されていく

瀬戸市の生業であるやきもの文化を介し、集落単位における集約を行う拠点施設「コウボウ」を提案する。「コウボウ」では、若手のツクリテ、近隣の窯業訓練校に通う学生の賃貸住宅を中心に、様々な活動が展開される。それらの活動は地域へと還元される事で、今までの閉鎖的な個々での暮らしを対外に開き、様々な関係性を育む。

03 計画 / 陶磁器貯蔵庫のコンバージョン

地域への還元・地域価値の向上

敷地から周辺集落へ

文化の衰退とともに姿を消していく磁器貯蔵庫をコウボウへとコンバージョンする。住宅地と近接するこの土地を住宅地とならずに、地域の行動がされるコウボウとして活用し地域価値を向上させることにも繋が

町全体を連関させる建築

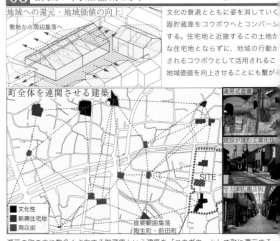

■ 文化性
■ 新興住宅地
■ 商店街

提案範囲集落
陶生町・前田町

SITE

連房式登窯

建設が進む工業化住

せと末広商店街

瀬戸の町の中に数多く点在する貯蔵庫という建築を「コウボウ」として町に還元する、プロトタイプとしての提案を行う。商店街近郊、住宅地等それぞれの貯蔵庫周辺の環境り込み形質を変容する。それぞれの「コウボウ」の繋がりは瀬戸独自のネットワークを構街全体へと広がっていく。

「この町に良いところなんかないよ。」瀬戸の町に暮らす人がそう言った。この町には 1000 年以上も続く窯業文化があり、長い間、人々の生活の中心として暮らしを支えてきたが、郊外化によって出来た新興住宅に住む人の中にはその事を知らない人も存在する。

そんな人々に「瀬戸に暮らす＝やきもの文化と共生する」この言葉の意味を考えて欲しい。

これは、やきもの文化の衰退した瀬戸市において、地域に暮らす人々が「ツクリテのための賃貸住宅」を通してやきもの文化を支え、そして、やきもの文化に支えられる瀬戸での暮らし方について今一度考えるきっかけを作る提案である。

04 建築提案 /「コウボウ」プロトタイプ形成のプロセス 「瀬戸の要素がコウボウを形作る」

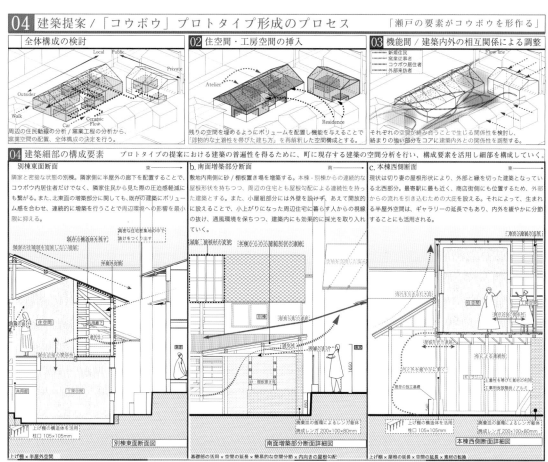

全体構成の検討

周辺の住民動線の分析 / 窯業工程の分析から、窯業空間の配置、全体構成の決定を行う。

02 住空間・工房空間の挿入

残りの空間を埋めるようにボリュームを配置し機能を与えることで、「即物的な土着性を帯びた建ち方」を再解釈した空間構成とする。

03 機能間 / 建築内外の相互関係による調整

それぞれの空間が絡み合うことで生じる関係性を検討し、絡まりの強い部分をコアに建築内外との関係性を調整する。

04 建築細部の構成要素　プロトタイプの提案における建築の普遍性を得るために、町に現存する建築の空間分析を行い、構成要素を活用し細部を構成していく。

a. 別棟東面断面

隣家と密接な状態の別棟。隣家側に半屋外の廊下を配置することで、コウボウ内居住者だけでなく、隣家住民から見た際の圧迫感軽減にも繋がる。また、北東面の増築部に関しても、既存の建築にボリューム感を合わせ、連続的な増築を行うことで周辺環境への影響を最小限に抑える。

b. 南面増築部分断面

敷地内南側に砂 / 棚板置き場を増築する。本棟 - 別棟からの連続的な屋根形状を持ちつつ、周辺の住宅とも屋根勾配による連続性を持った建築とする。また、小屋組部分には外壁を設けず、あえて開放的に設えることで、小上がりになった周辺住宅に暮らす人からの視線の抜け、通風環境を保ちつつ、建築内にも効果的な採光を取り入れていく。

c. 本棟西側断面

現状は切り妻型屋根形状により、外部と縁を切った建築となっている北西部分。最寄駅に最も近く、商店街側にも位置するため、外部からの流れを引き込むための大庇を設える。それによって、生まれた半屋外空間は、ギャラリーの延長でもあり、内外を緩やかに分節することにも活用される。

別棟東面断面図
柱□ 105×105mm

上げ棚 × 半屋外空間

南面増築部分断面詳細図
焼成レンガ 200×100×80mm

基礎部の活用 × 空間の延長 × 簡易的な空間分節 × 内向きの屋根勾配

本棟西側断面詳細図
柱□ 105×105mm
焼成レンガ 200×100×80mm

上げ棚 × 屋根の延長 × 空間の延長 × 素材の転換

Participation Designs

NAGOYA Archi Fes 2020

作 品 紹 介

ID 102

藤田 倫也
Tomoya Fujita

名古屋工業大学

Project

Time Table of Landscape
― 山間部に広がる原風景と対峙する1時間 ―

「はやさ」が求められる時代。対して、静岡県西部を通る天竜浜名湖鉄道は1時間に1本のダイヤ。電車の先に延びる「続きのプラットホーム」で、流れる待ち時間を移ろう風景と共に計画する。

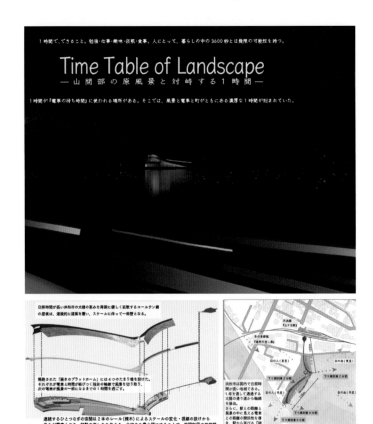

ID 105

山本 和貴
Kazutaka Yamamoto

名古屋大学

Project

渓風の跡

かつて景勝地として多くの人に愛された渓谷。災害の危険性のある急斜面において、自然地形を支え、体験化するための構造物を提案する。土木を越え、建築を越え、時を越え、この場所を未来に紡ぐ。

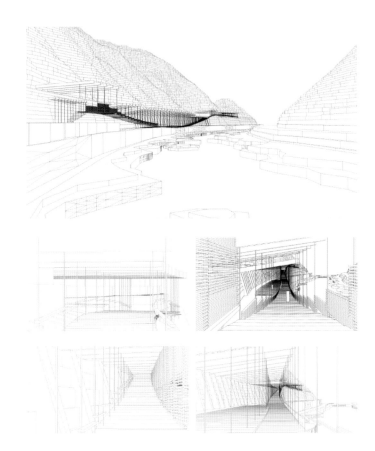

ID 106

宮下 幸大
Kodai Miyashita

金沢工業大学

Project

小さな環境
— 風景のリノベーションにおける用水と人の新たな関わり方 —

身近な環境に愛着を持つこと。それは日々の暮らしに豊かさをもたらすこと。何気ない日常に潜む小さな環境。私達の知らない近くに小さな環境は存在する。本計画では、人々が見るだけとなった用水に対し、用水と人の新たな関わり方を三つの計画に分けて提案し、小さな環境「用水」に人々が再び関係を持てることを目的とする。

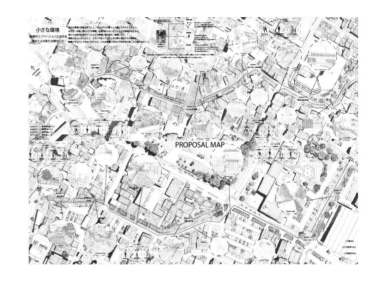

PROPOSAL MAP

ID 108

河野 哲也
Tetsuya Kono

中部大学

Project

Carpals
— 被災者の社会復帰支援施設 —

21世紀日本では大規模災害が多発している、その中で自宅が無くなった被災者はいまだ多くの課題がある仮設住宅での生活を余儀なくされる。手根骨を模倣した可変性構造物「Carpals」を用い、仮設住宅での問題解決・被災者の方が安心して生活し社会復帰できる仮設住宅群目的とし、建築物を中心に展開していく。

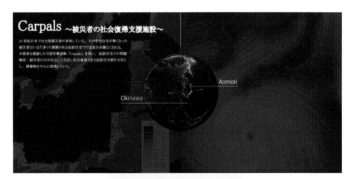

ID 110

Ulemjjargal Bileguutee

ウレムジジャラガル ビルグデ

豊橋技術科学大学

Project

Connected House

—When we design for sharing, we all benefit—

学生たちの経済負担が少ない「シェアハウス型の宿舎」と街に開かれた「アーバンファーミング施設」を合体させた建築提案。近代や未来での建築の価値や役割、適合性を考え直し、建築史での新しいページを描くことを試みる。

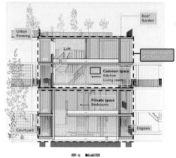

図4. 敷地図　図7. ユニット　図5. 階段室　図6. ジョイント　図8. 断面図

ID 112

加藤 駿一

Shunichi Kato

名城大学

Project

旧伽藍線再興計画

—東大寺・次なる千年に向けて—

奈良東大寺は1300年の歴史が堆積しており、その痕跡を今尚残す。私は東大寺の失われた精神的境界である伽藍線を塀から柱によって再興する。柱は間によって境界を示しながら、複雑な境内と共有する。また柱は歴史を顕在化する役割をもち、歴史的背景によって意匠が決定される。それにより建ち上がる柱はそれぞれに時間軸を持ち、後世に残るための循環を行う。未来に建築が残るための計画である。

旧伽藍線再興計画

奈良東大寺のかつての伽藍線を塀から柱によって再興する

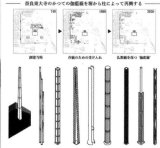

ID 114

竹内 正彦
Masahiko Takeuchi

信州大学

Project

映画館と地域の叙事詩
— 地方都市における映画館の
再編を核とした商店街の活性化 —

古くからあるまちの映画館を文化コンプレックスとして
再編する。中心市街地の衰退とともに姿を消してい
るまちの映画館。商店街の一角に建ち、身近な文化
施設として人々の生活に根付いてきた映画館にポテ
ンシャルを見出し、地域との関係を再編する事で商店
街やまちの活性化を図る。

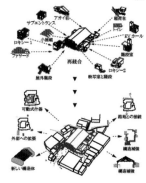

◎ PROGRAM 文化施設の複合体へ

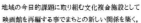

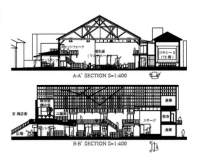

地域の今日的課題に取り組む文化複合施設として
映画館を再編する事でまちとの新しい関係を築く。

ID 115

渡邉 康大
Kodai Watanabe

名古屋市立大学

Project

年輪輪廻

新潟県長岡市にある山村集落の山古志村は新潟県
中越地震に見舞われ、全村避難となった集落である。
かつては「山」と豊かに関わってきた集落ではあるが、
現在では限界集落として集落の終わりをむかえようと
している。そこで、木質バイオマス発電を中心としたコン
パクトビレッジを提案する。集落は「山」との関係性
を再構築し、木々の年輪の再出現と人々の年輪が途
絶えることのない山古志集落の未来を構想した。

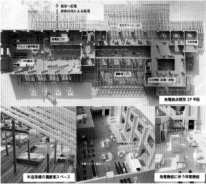

ID 118

太田 寛和
Hirokazu Ota

大同大学

Project

うなぎのぼり
一色町養鰻再編計画

養鰻（ウナギの養殖）で日本一の地域がある。そこでは、養鰻のための町づくりとコミュニティ、潜在的な「置換」の歴史が存在する。完全養殖実用化という大きな分岐点が迫る中、行政までもがまるで鎖国状態である、この地域に対し養鰻地帯として再編し、未来に「継承」することを目的とした時間軸に対し、三段階に分かれた再編計画を提案する。

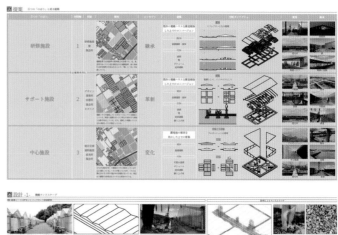

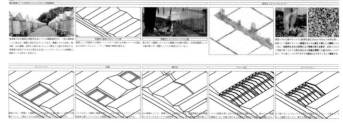

ID 119

名倉 要
Kaname Nagura

日本福祉大学

Project

嵩じる仲らい

ローカルな生活に馴染ませ、生活が染み出しているコミュニティの場同士を繋げることで、生活する上で自然と共有が行われる空間を創出し、より住民同士の親密なコミュニティを形成する。また、リビング、ダイニング、キッチン、水回り、寝室等の役割をもった場所を設けることにより、本提案によって生じる住民同士の共有空間を一つの住居として形成する。

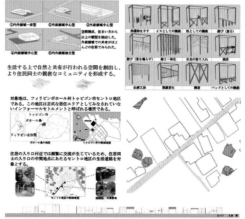

ID 120

渡邉 浩行

Hiroyuki Watanabe

名古屋市立大学

Project

REACH
― 新時代への到達 ―

首都に佇む国会議事堂。その風貌は左右対称で重厚な帝国様式であり、内装は数千人の職人によってつくられた華やかで巨大な美術品とも言える。しかし現代の日本において、「政治を行う」という機能がこの建築に本当にふさわしいのだろうか。私たちの「政治の象徴」とはどうあるべきか。国会議事堂という歴史的遺産をリスペクトしつつ、政治のブラックボックスを開放し、象徴的意味をより平和的に書き換える計画である。

―政治と私たちが"近づく"とき

2019年、車椅子に乗る議員が当選し、それに合わせて「国会のバリアフリー化」が進められた。この「国会のバリアフリー化」というのは議場の段差を解消する工事だったのだが、物理的なバリアフリー化のみならず、史上初めて障害を持った議員の誕生から「それまであった壁が取り払われた」という意味を感じる。

だが政治と国民の壁はどうか。政治そのものは重々しく、暗いイメージを持つ。国会議事堂という建築からも、近づき難い雰囲気を感じる。そうした壁を取り払うために、「人」だけでなく「建築」が変わる必要がある。

ID 121

澤田 留名

Runa Sawada

名城大学

Project

街に溶け込む映画館

商店街の空白に多種多様な映画館やそれに関連する施設を展開していく計画を行う。街並みと商店街の複雑なシステムに溶け込んでいくこの映画館は、街の記憶を未来に繋げながら全世代が楽しめる一大拠点となる。

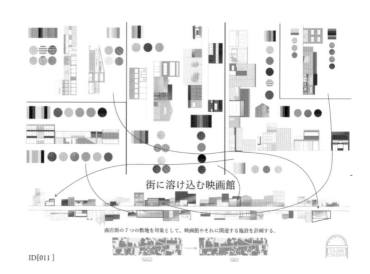

街に溶け込む映画館

商店街の7つの敷地を対象として、映画館やそれに関連する施設を計画する。

ID[011]

110

ID 122

大塚 旅詩
Ryota Otsuka

金沢工業大学

Project

私たちで埋まる街
― 個性・生活感あふれる学生寮 ―

現代は価値観や生活様式が多様化している。しかし、合理的な目的によってつくられたマンションやアパートは、いつも画一化されたライフスタイルしか想定されていなかった。室の中をのぞいてみると住んでいる人によって、さまざまなシーンが生まれているはずである。室から個性や生活感が溢れる建築を考える。中に住んでいる人の生活があふれ、それらが垣間見られる暮らしは私たちに安心感をもたらし、生活を豊かにしてくれるはずである。

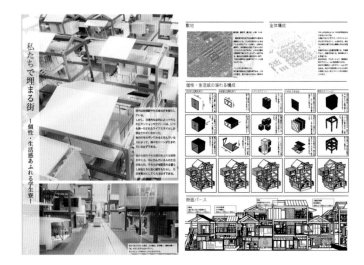

ID 123

西野 和歩
Kazuho Nishino

名古屋工業大学

Project

解体新所

都市部にある低層立体駐車場(2F)に着目した。流れとして立体駐車場の1階部分を開放し、車〇台分の貸しスペースとし、使いたい人に使ってもらう。2年半かけて一部解体し、その期間で得られた空間の使い方や生まれた要望を基に、解体後に計画すべき内容を考え、更地になったらその計画を実施する。新たな地域拠点の場を生み出すために立体駐車場を段階的にコンバージョンする提案で、計画の10年後には取り壊す仮設建築である。

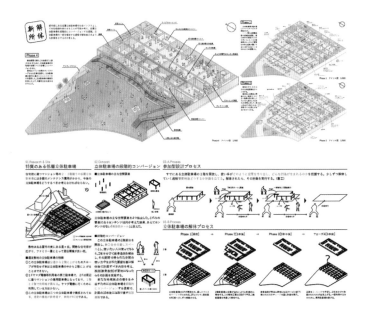

ID 124

百合草 美玲

Mirei Yurikusa

名古屋工業大学

Project

あるき ワタリ
まち カケル

― 熱田地域交流センターの提案 ―

都市化が進みまちの均質化が進む中で「このまちらしさ」が薄れゆく現代。熱田区南西部には今なお、これまでのまちの歩みが点在して残る。新たなワタシ(街道デッキ)でつなぐことで「このまちらしさ」を顕在化し、人々がそれに気が付くきっかけをつくる。また、「このまちらしさ」の中で「まち」が子どもを育てる文化を形成することで、「まち」に対し誇り・愛着を持つ子どもを育む、地域交流センターの提案。

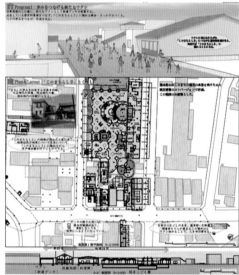

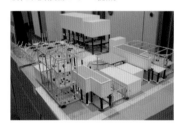

ID 125

小川 紘輝

Hiroki Ogawa

豊田工業高等専門学校

Project

享保十五年のアーケード

― 大須空間の祝祭と生産 ―

中部地方の文化の中心地を作る計画。名古屋市大須の中野大通り(460m×20m)に巨大なアーケードを設けイベントスペースとすることで消費者を可視化し、その上にさまざまな分野のクリエーターが仕事をする場所を設ける。上部は細かく下部は大きな場を取るため、全体は森のメタファーで形づくり、木に似た柱は人や物の動きが曲線的になるような影響を与える。この影響はあらゆる物や意味が移り変わる世界で、何百年経っても残る固有性=建築となる。

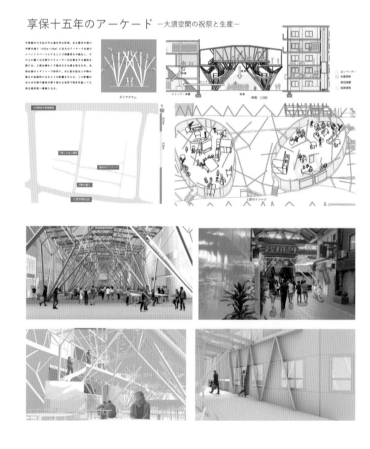

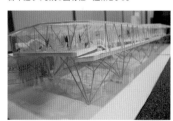

ID 126

佐々木 主海
Kazumi Sasaki

名古屋大学

Project

余白再編

現在、名古屋駅周辺では「名古屋中央雨水調整池」と称して、豪雨対策のための雨水トンネルの建設が地下50m距離5kmに渡って進められている。この雨水トンネルの工事のために名古屋市中川区山王に幅18m深さ58mの立坑が建設されるが、工事後は埋められ、土木遺構として残存する。そこで、この立坑を都市に遺る余白として捉え、建築空間として再編する。土木構造物の持つ人的スケールを超えたダイナミックな空間を通して人々は都市の喧騒を逃れる。

『余白再編』

Proposal 立坑の建築化

ID 127

伊藤 あづみ
Azumi Ito

名古屋工業大学

Project

木と共に暮らす

愛知県豊田市は県内で最も広い森林面積を有しており、戦後に植えられた杉や檜が人工林の多くを占めている。しかし、近年では市内における木材蓄積量は増加しており、木材の安定的な供給が課題となっている。そこで、木材の供給と住宅への利用に着目し、地域で木材産業に関わる人々が住まう、市産材を活用した8軒の集合型の住宅と、そこに併設する木材の集積場を設計する。

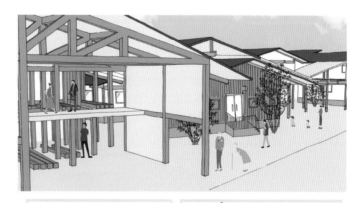

木と共に暮らす

愛知県豊田市は県内で最も広い森林面積を有しており、戦後に植えられた杉や檜が人工林の多くを占めている。しかし、近年では、市内における木材蓄積量は増加しており、木材の安定的な供給が課題となっている。豊田市では、地域材の生産・流通・利用促進プロジェクトとして、木材の搬出路の整備や市民の木材利用の促進を目標としており、住宅における市内の木材のまちなる活用が目指されている。
そこで、木材の供給と住宅への利用に着目し、地域で木材産業に関わる人々が住まう、市産材を活用した8軒の集合型の住宅と、そこに併設する木材の集積場を設計する。

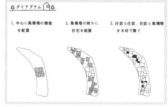

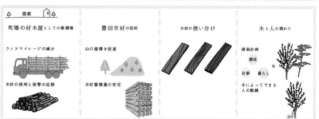

ID 130

宮下 龍之介
Ryunosuke Miyashita

日本福祉大学

Project

朧げな境界線の波紋

亀崎の建築の構えは、現在まで各世代で変化を続けてきたが、仲町通りに対して常に開く形態をとってきた。亀崎の建物や景観を構成する要素を設計に反映させ、次世代における亀崎の新たな構えを提案する。この土地特有の曖昧な境界線が、住民の日常的な関係を誘発する。偶発的に空間を共有することにより、そこでの行為が共助を生み、みちに、まちに、少しずつ波紋となり染み出してゆき、新しい風景となってこれからの亀崎をつくる。

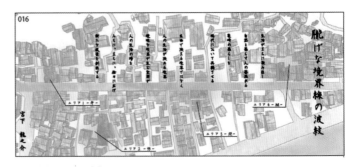

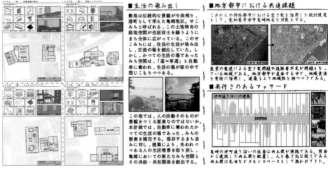

ID 132

飯田 兼都
Kento Iida

名城大学

Project

或る遺は。

今後、技術進歩の成果や情報を享受することが多くなる世界で「自分」という価値基準を持つために、幼い頃から本能だけを頼りにさまざまな判断を下したり、想像（創造）する場面が必要だと考えた。目の前の出来事に本能でぶつかり直感的に出た答えの積み重ねが「自分」を形成していく。

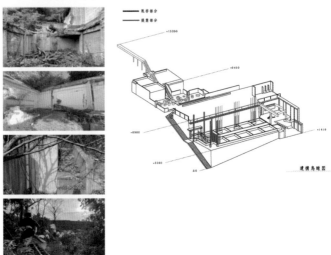

ID 135

喜納 健心
Kenshin Kina

名古屋市立大学

Project

城下の積
－首里城再建に伴う地域振興の提案－

2019年10月31日未明に発生した首里城火災は、正殿など主要7棟を焼失し人々の心に大きな穴を開けた。沖縄の象徴、遺産、観光資源などさまざまな役割を担ってきた首里城。その再建を支援する建築を提案する。巨大な琉球漆器とも呼ばれ、沖縄工芸の集積物であるといえる首里城。その再建を支える立場となる本計画は、再建を経て、職人のみならず地域住人や観光客を巻き込み町の記憶の集積の場となる。

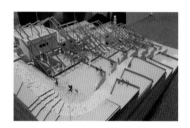

城下の積

- 首里城再建に伴う地域振興の提案 -

首里城再建を支える建築を提案する。
巨大な琉球漆器とも呼ばれ、沖縄工芸の集積物であるといえる首里城。
その再建を支える立場となる本計画は、再建を経て、技術だけではなく町の記憶の集積の場となる。

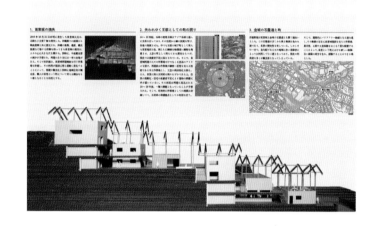

ID 136

繁野 雅哉
Masaya Shigeno

愛知工業大学

Project

頼らず頼るまち
－介護保険20年目の介護の形と暮らし方－

介護保険が施行されてから20年が経ち、社会情勢は変化している。高齢化問題が拡大している日本は、今までの介護制度では介護が成り立たなくなるだろう。日常的な問題となり意識が薄れていくなかで優先的に解決していく必要があり、多くの人が将来的に対面する問題でもある。提案として、介護施設や介護保険に頼らない、地域住民や地域資源を頼る地域での介護を構築していく。

ID 137

財頭 秦太郎
Shintaro Zaito

愛知工業大学

Project

筋肉歓楽街
― 娯楽型運動体育複合ビル ―

筋トレをしているとストイックと言われることに違和感があった。健康のために身体を鍛えている人ばかりではなく、実際には全力で身体を動かすことによる達成感や爽快感を得るために運動している人も多いのである。また、都心部にはジムが少ない、あるいはごく小規模であることがほとんどである。そこで、名古屋駅前の立地に運動機能と関連商業を集積し、魅力的な運動空間の創造と相乗効果による経済効果を生み出す。

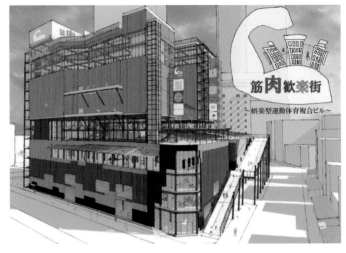

ID 138

服部 秀生
Shu Hattori

愛知工業大学

Project

Omote-ura・表裏一体都市
― 都市分散宿泊施設を介したウラから始まる「私たちの」再開発計画 ―

都市はオモテとウラを持ち合わせており、その二面性が流動的な都市の雑多性・多様性を受容してきた。しかしオモテが合理化・画一化していくと共に、ウラの界隈性や猥雑さは失われていく。そこで都市ウラがどのような役割を持ち得るのか、そしてオモテとウラの関係性を分析した上で、オモテとウラを横断する表裏一体の都市風景を描いていく。

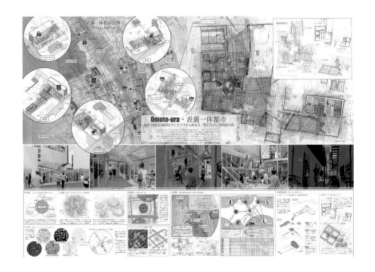

ID 141

高橋 真由
Mayu Takahashi

信州大学

Project

公園 3.0 時代へ
－ 均質に造られた街区公園における家具の設計 －

街区公園とは、街区に居住する者の利用を目的とする公園である。この公園の設置基準は国の主導によってつくられ、量や質の整備を急ぐばかりに特色を持たない公園が各地にできた。この状況を打破するための家具を提案する。街区のリサーチから得た、まちの性格の現れる要素や大人と子供のスケール感の違いに着目した設計を行い、人と人の間に介在し、まちの特色が表出する公園3.0時代の「性格を持つ公園」を実現する家具を目指した。

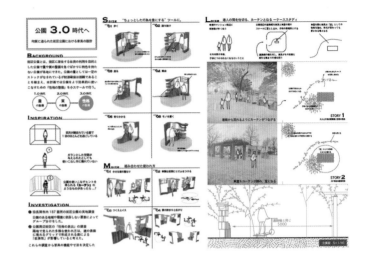

ID 142

柴田 桂吾
Keigo Shibata

名古屋大学

Project

意識と無意識の狭間で

建築とは意識的に空間をつくる行為である。大規模再開発による意識的空間は都市の偶然性や多様性といった魅力を排除していく。本提案では、建物内空間を意識的空間、建物跡の空間を無意識的空間として捉え、それらを統合する再開発手法を提案する。

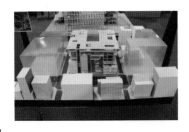

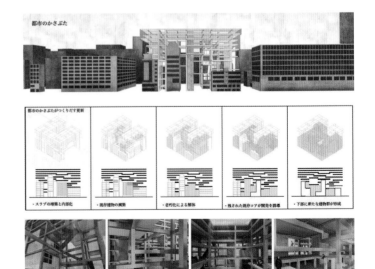

ID 144

山田 将大
Masahiro Yamada

金沢工業大学

Project

都市のエッジへの
付加建築

徳島市新町は阿波踊りや新町ボードウォークプロジェクトを境に大小さまざまなイベントの開催地として活気が見られる。一方で新町川での賑わいが中央部には伝播していない。現代では空きテナントが増え、抜け殻となったエッジが街を構成するようになった。本計画では新町橋通りのエッジを構成する建築群にオープンスペースや動線、新規建築用途を付加する。新町川で起こる市民活動を元町通りへ伝播させることで、新たな街の姿を提案する。

ID 145

四方 勘太
Kanta Shikata

名古屋市立大学

Project

Circle Zone

大曽根駅周辺は街道の交わる場所であり、古くから多くのヒトとモノが集まった。鉄道が開通すると瀬戸物などの物流で栄え、現在もJR中央線と名鉄瀬戸線、地下鉄名城線、ガイドウェイバスゆとりーとラインの4つの鉄道が乗り入れる駅となっている。地形的には谷地形となっているため水の集まる場所となっており、駅前広場の地下には調整池が設置されている。そこで人と水の集まる大曽根駅を対象地として新たな駅を提案する。

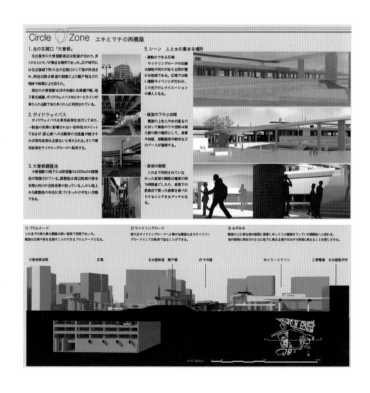

ID 146

岩滝 大知
Daichi Iwataki

大同大学

Project

受け継がれゆく風景

産業化を大きな原因として、昭和35年以降これまでの間に約2,000以上の集落が無人化の末、消滅しており、その数だけ独自の文化や風景が失われてきた。そして現在も消滅の危機に瀕している集落が数多く存在している。今回の提案では、消滅の危機に瀕している独自の文化と風景を持つ福井県小浜市の田烏集落を対象とし、風景の構成要素であるRCスラブを用い、活かしながら、生業の6次産業化による体験観光を通した集落の復興を提案する。

ID 147

大田 弥憲
Minori Ota

名城大学

Project

寄生建築

都市開発により失われた人々の営みを、寄生という手法をもとに再び都市へ還元し、発見と驚きのある豊かな都市を目指す。

寄 生 建 築
～高密度都市における建築の共存関係～

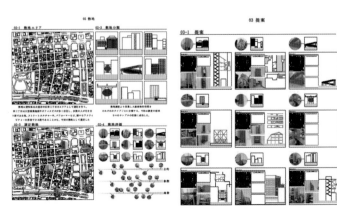

ID 148

田上 功也
Koya Tagami

名古屋工業大学

Project

まどべの詩

主に海外からの短期滞在者が住む大学寮を設計する。普段の生活の中で＜まど＞は空間内外のさまざまな事柄を映し出すことで、それまでは意識下にあった欲求を引き起こしている。それは内部にいながら最も外部の様子を捉えることのできる＜まどべ＞が起点となり、欲求を充足させる指針となることで暮らしをより豊かにしている。そこで＜まどべ＞を建築化することで多国籍の多様な暮らしが表出し呼応し合い、その建築にリズムが刻まれる。

まどべの詩

コンセプト

主に海外からの短期滞在者が住む大学寮を設計する。普段の生活の中で＜まど＞は空間内外の様々な事柄を映し出すことで、それまでは意識下にあった欲求を引き起こしている。それは内部にいながら最も外部の様子を捉えることのできる＜まどべ＞が起点となり、欲求を充足させる指針となることで暮らしをより豊かにしている。そこで＜まどべ＞を建築化することで多国籍の多様な暮らしが表出し呼応し合い、その建築にリズムが刻まれる。

形態ダイアグラム

切妻屋根の空間
日本において最も一般的な
単一空間形態

切妻屋根の組合せがもたらす
新たな空間形態

全体構成

切妻屋根の組合せにより、屋根を構成する斜め材が建築全体の主要構造として機能する。s構成であり、各棟は開角が違うため、柱の径が105mm、150mm、180mm、240mmの角材を用いた。そして断面形状が105mm×240mmの木材を共通材として各棟の斜め材として取り付けた。

構造モデル（名古屋制作）

ID 149

小杉 逸人
Hayato Kosugi

大同大学

Project

立体駐車場都市
－ 自動運転による多拠点生活ネットワーク －

将来、自動運転の普及により不要になる立体駐車場を、集住体へとコンバージョンし、自動運転を利用する多拠点型の生活を提案する。自動運転による、ヒト・モノ・コトのユビキタス化が、個人の帰属場所かつ自己実現の幅を広げ、次世代の生活をつくり出す。

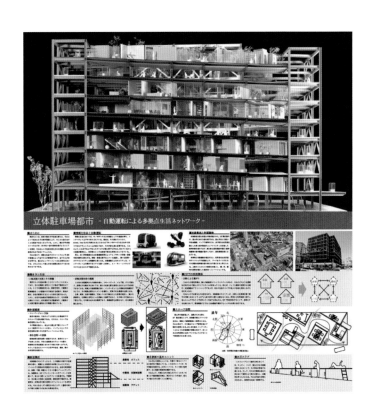

立体駐車場都市 －自動運転による多拠点生活ネットワーク－

ID 150

山越 伊織

Iori Yamakoshi

信州大学

Project

影にて武甲を仰ぐ

「信仰」と「破壊」を兼ね備えた武甲山の博物館

埼玉県秩父市の武甲山は、日本三大曳山祭りである秩父夜祭りの起源とされるほど古くから信仰の対象であり、市の生活文化・風土において重要な存在である。しかし高度経済成長期以降、山容が変化するほどの石灰岩採掘が進められている。「信仰」と「破壊」を併せ持つ武甲山は、現代社会に何かを訴える可能性を秘めていると考え、武甲山における生活文化・風土と鉱業の展示物をその両方の特性を備えた空間で展示する博物館を提案する。

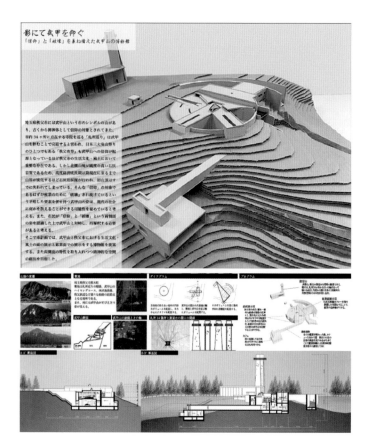

ID 151

平野 哲也

Tetsuya Hirano

愛知淑徳大学

Project

ものと人が新たに 巡り会う場所

収蔵庫を中心に新たな博物館を提案する。収蔵庫を来場者・年代共に開放し、開放された収蔵庫を中心に収蔵品に合わせて人が空間をつくることで、商業施設などさまざまな機能を内包する新たな形の博物館を生み出す。ここに訪れた人々は、圧倒的な物量と変化を見ることで、時代の流れを体感しながら「買う」「売る」「観る」といったさまざまなものと人との関係に出会う。そして、それは自分の所有する"もの"との関係を見つめ直す場となり、ものにも新たな巡りをもたらす。

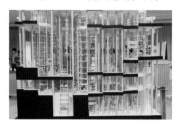

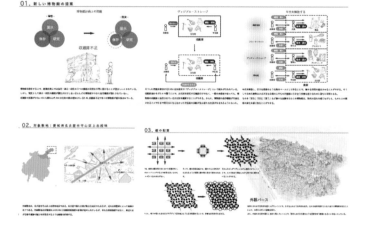

ID 153

保崎 慎一朗
Shinichiro Hosaki

名古屋工業大学

Project

くらしの伝播

定住を望む住民と強制退去を勧告する自治体の思惑が交錯する地域、インフォーマルセトルメント。諸問題を抱える一方、人々のつながりの強さが色濃く表出している地域である。そこに観光業を生業として根付かせ、地域外の人々が、伝統であるセルフビルドと海上生活を営むそのままのくらしの体感を通して、人のつながりの大切さを見直すことができる体感型集合住宅を提案する。

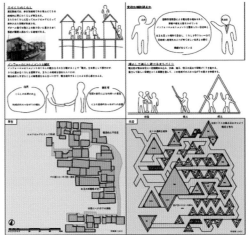

ID 154

杉戸 亮介
Ryosuke Sugito

名古屋工業大学

Project

林業でおこすまち

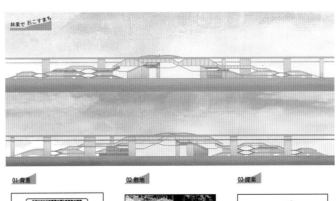

木材加工をはじめとした林業は、その産地である山奥でおこなわれるため、過疎化による影響を強く受け、衰退を続けている。リニア中央新幹線岐阜駅の建設によってつくられる大空間に、木材工場を計画することによって都市から通う新たな林業の形を提案する。

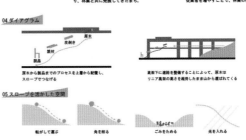

ID 155

山口 和史
Kazushi Yamaguchi

大同大学

Project

営みの在処
－ イキモノの巣を基にしたヒトの巣の設計 －

近代建築は戦後の爆発的な建築需要に応えるべく、個々の人間を大衆という名のもとに抽象化し、使い手の個性、生態が介入しない誰もが利用できる建築空間が量産された。そこで使い手の生態が空間に介在する事例としてイキモノの巣に着目する。「人間」を本来のイキモノの一種である「ヒト」として、他のイキモノと同等に扱い、対象としたヒトの特徴に即した機能を有する空間、即ち「ヒトの巣」の設計手法を提案する。

ID 156

西野 拓海
Takumi Nishino

東海工業専門学校

Project

思い出と未来の幸福

現在、AIをはじめとする情報技術の進歩は目まぐるしい速度で成長している。しかし、技術の進歩と同時に人間の役割は減り続け、人独自の価値は失われつつある。未来において、人間の大部分が機械に代替されたとき、人々が生きがいを持って幸せに暮らしていくために何が必要なのか。創作活動による自己実現を答えの一つとして仮定し、技術の転換により不要となるガスタンクを創作の場へとつくり替える。

ID 158

大崎 拓実
Takumi Osaki

名古屋工業大学

Project

群庭建築
― 物の流れを用いた外構ターミナル計画 ―

不動な建築において単位空間化した外構を物流動線を用いて都市空間に補填し、時代に追従していく可能性を再建させる。都市の隙間や空間内部を回遊し、建築に新たな価値を付加する外構建築の提案。

ID 160

土屋 遼太郎
Ryotaro Tsuchiya

信州大学

Project

城山じゃりんこ
だんだん

長野市中心部の文教地区にある城山公園内に「子ども食堂」を併設した子ども図書館を提案する。子どもの成長に伴って変化する身体スケールを考慮した「だんだん」と「たいら」が生み出す「本の地形」によって場所の使い方を各々が発見し、自由に集うことのできる場所となることを目指した。

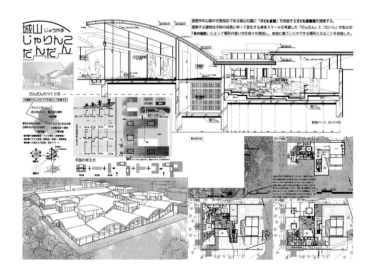

ID 162

小林 自然
Gaia Kobayashi

金沢工業大学

Project

100人-100枚の
コミュニティー
－ 福井市中心市街地の活性化 －

本提案は、私の地元である福井市の中心市街地の
さらなる発展と活性化を図ると共に、公共空間にお
ける自然的な空間の代替に挑戦したものである。今
回は大学生と地域住民のコミュニティーから地域の
活性化を提案している為、多様な生物たちが暮らす
「森」の空間を建築に代替することを試みた。100
人の学生が生息する中心市街地の小さな森はこれか
らの福井の発展を促す。

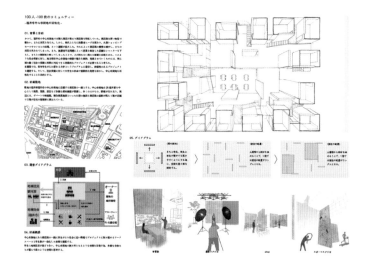

ID 164

内藤 栞
Shiori Naito

椙山女学園大学

Project

ささやきとハミング
－ 人々の日常と交錯する墓地の提案 －

どこか遠くで子どもたちの笑い声が、誰かのハミングが
聞こえてくる。風のささやき、鳥のさえずり、木々のざわ
めきが聞こえてくる。故人が眠るこの場所はいつもみ
んなの笑顔と優しさであふれている。お墓の在り方が
変革の時を迎えている現代の日本で、故人を弔う場
や故人を想う場はどうあるべきだろうか。人々が気軽
に訪れたくなるような雰囲気の『人々の日常と交錯す
る墓地』を新しい選択肢の1つとして提案する。

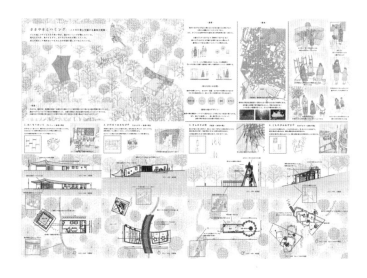

ID 166

岩崎 翔太

Shota Iwasaki

名古屋工業大学

Project

共物共生

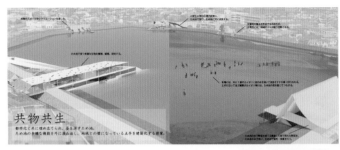

ビオトープ群研究施設では生態系を保全する

学校に隣接する遊具のような土手が子供を引き込む

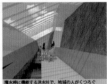
増水時に機能する洪水吐で、地域の人がくつろぐ

夏祭りの際には、縁日や花火の人で賑わう

土手の内部に入り込み、ため池について知る

拡大された土手では、水陸のレクが行われる

都市化と共に埋め立てられ、姿を消すため池。ため池が今なお多数残る兵庫県播磨地域では、ため池を囲って存在する高い土手が、物理的にも心理的にも周辺地域とため池を分断している。埋め立てて、一から新しい用途に変える土木的な開発とは異なり、土手を建築化することで、ため池の姿が保存されつつ、ため池がもつ多様な機能が周辺環境に滲み出す。ため池を中心とした暮らしを再構築する提案。

ID 167

大竹 浩夢

Hiromu Otake

愛知工業大学

Project

市役所再編計画

― 土地性を含んだコンバージョンによる
市民参加の再考 ―

地域課題の複雑化、市民ニーズが多様化した現代において、行政と市民の関係性の構築は重要であるが、両者が良好な関係を築けているとは思えない。将来、AI化による自動化、ネットワーク化により役所業務の解体が予想される市役所には、新たな価値を生むことが求められる。本計画では、地域性を付加させコンバージョンすることで、利害の上でしか訪れることがなかった市役所が、市民や市域を繋ぐプラットフォームへと変化する。

ID 168

中村 実希
Miki Nakamura

椙山女学園大学

Project

このひきのいえ
− 湖底の継承:御母衣湖における
水位変化に伴った住処の提案 −

約60年前、人々の暮らしは湖底へと沈みダム湖に
なってしまった。地上ではそのことは忘れ去られ、時間
が流れているが、水の中にある湖底には60年前の
時間が取り残されたまま今も生き続けている。一年に
一度、水位変化により湖底が現れ今と過去が交錯す
る、そんな水を介して時間を超える特徴を持った御母
衣湖へ、ものがたりを紡ぎながら提案をする。

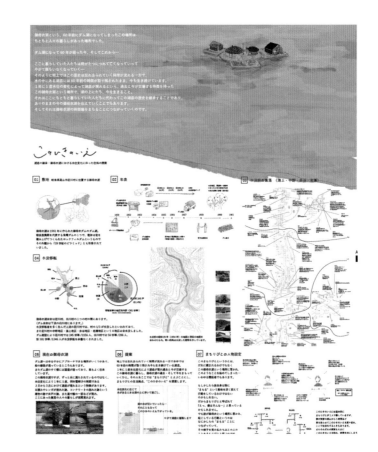

ID 169

森田 修平
Shuhei Morita

信州大学

Project

軽井沢音楽都市
− 五角形をモチーフとした軽井沢駅北側都市開発 −

アクティビティの乏しさから今後の衰退が懸念される
軽井沢駅北側エリアに、五角形の防音室を基本単
位とした音楽施設を設計する。音楽大学と音楽ホー
ルの2機能を持つ施設内では"演奏技術の学習の
場"から"プロが仕事として音楽に取り組む発表の場"
までのサイクルが巡る。音楽の体験的な特殊性に着
目し五角形をモチーフにエリアを再編することで、軽
井沢の地に文化的な賑わいを生むことを目指す。

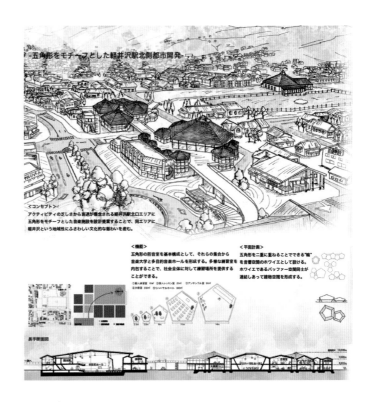

ID 170

斎藤 香奈
Kana Saito

信州大学

Project

食育から始まる輪
― 学生用アパートの空室を利用したシェアキッチン ―

近年、食の問題は子どもだけにとどまらず、多くの世代にとって深刻化している。さらに、学校給食が外部委託にされるなど給食との距離が遠くなり、食育が損なわれてきている。また、気軽に利用できるシェアキッチンが注目されてきていることから、空室が増え、人が集まらなくなった学生用アパートを活用し、食育の中心となるようなシェアキッチンを考える。また、シェアキッチンと共に地域の活動を落とし込み、地域内の多世代交流の場を生み出す。

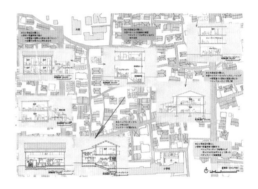

ID 171

伊藤 謙
Ken Ito

愛知工業大学

Project

還拓の作法
― 干拓堤防のリノベーション計画 ―

人間の社会構造により放置された木曽岬干拓地という人口地がある。放置された事により立ち現れた「不自然に発生した自然」。その環境は周辺とのコントラストの風景を生み出し、廃棄された堤防は断絶した時間を空間として表出している。この提案は、「不自然に発生した自然」をコンテクストの境界である「堤防」の段階的なリノベーションから地域との関係性を徐々に調停し、この地域の歴史を語り継いでゆく「記憶装置」として再編する計画である。

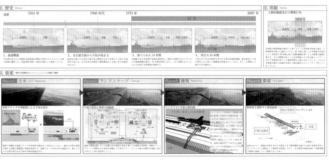

ID 172

熊野 拓郎
Takuro Kumano

名古屋大学

Project

還相する土

都市は「華やかさ」と「息苦しさ」が無縁に混在している都市に、土を使うことによって都市が必要とする華やかな場と息苦しさからの逃げ道をつくり出し、それぞれが適度な距離感を保って共存する。

還相する土

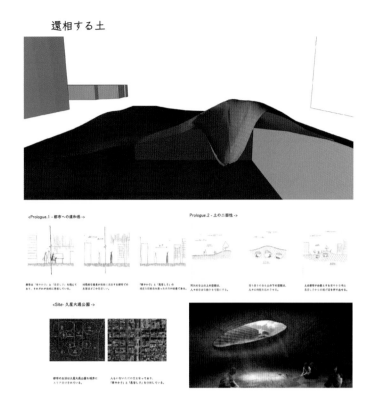

<Prologue.1 -都市への違和感->

<Prologue.2 -土の二面性->

<Site- 久屋大通公園->

ID 173

上田 駿
Shun Ueda

名古屋工業大学

Project

再興の起点
− 人と水と街 −

かつてほどの水郷としてのまちの魅力は失われている蟹江町。街を流れる河川、街から溢れ出る温泉、水に親しみ形成されてきたこの町で、現在の尾張温泉は施設の老朽化や観光客の減少が進んでいる。この尾張温泉を起点とした再興のきっかけづくりをする。町民同士の交流のみにとどまらせるのではなく立地を生かして、宿泊型のドライブインを複合することで、町の外からの来訪者との交流も生まれ、さらなる発展へとつながる。

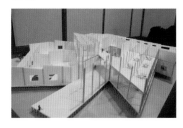

再興の起点
—人と水と街—

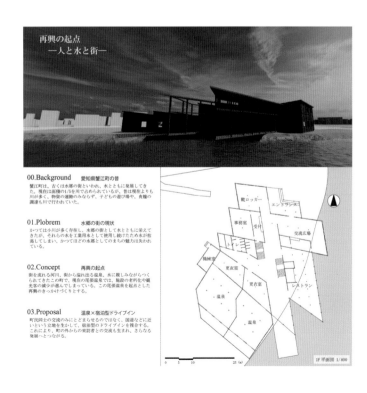

00.Background 愛知県蟹江町の昔
蟹江町は、古くは水郷の街といわれ、水とともに発展してきた。現在は面積の1/6を川で占められているが、昔は現在よりも川が多く、物資の運搬のみならず、子どもの遊び場や、食糧の調達も川で行われていた。

01.Plobrem 水郷の街の現状
かつては小川が多く存在し、水郷の街として水とともに栄えてきたが、それらの水を工業用水として使用し続けたため水が枯渇してしまい、かつてほどの水郷としてのまちの魅力は失われている。

02.Concept 再興の起点
街を流れる河川、街から溢れ出る温泉、水に親しみながらつくられてきたこの町で、現在の尾張温泉は、施設の老朽化や観光客の減少が進んでしまっている。この尾張温泉を起点とした再興のきっかけづくりをする。

03.Proposal 温泉×宿泊型ドライブイン
町民同士の交流のみにとどまらせるのではなく、国道などに近いという立地を生かして、宿泊型のドライブインを複合する。これにより、町の外からの来訪者との交流も生まれ、さらなる発展へとつながる。

靴ロッカー／エントランス／事務室／受付／交流広場／機械室／更衣室／トイレ／温泉／更衣室／レストラン／温泉

1F 平面図 1/400

ID 177

柴田 湖々

Koko Shibata

名古屋工業大学

Project

知能の旋律

小学校は有形な建築であり、音楽は無形な芸術である。有形と無形が共存する空間が生まれる。こどもたちは音楽を通して個性を築き、自分を表現する方法をみつける。本提案では、閉鎖しない空間により、集団での行動が強いられず、こどもたちが周囲に興味や関心をもてる空間を生むことを目的とする。

知能の旋律

■背景

　私はアメリカの現地校、上海の日本人学校、天津のインターナショナルスクール、愛知県の高校と、自分が成長する過程に様々な教育のシステムを経験してきた。初等教育をアメリカで受けたせいか、日本人学校に行くと、集団行動するクラスメートに違和感を覚えた。今だからこそ違いがわかるようになった上で、今の日本の教育方法に物申す。

■提案

　小学校はもともと有形な建築であり、音楽は無形な芸術である。無形なものが有形なものを通して生まれる空間から、個性豊かなこどもたちへ成長していく、音楽の小学校を提案する。

■形態ダイアグラム

■ゾーニング

ID 179

常盤 亮介

Ryosuke Tokiwa

大同大学

Project

富士ノ拠塔
－ 富士駅前地区再開発計画 －

約一万年前に誕生した日本一の独立峰『富士山』は、これまで多くの人々を惹きつけてきた。そんな中、富士山の麓の街に暮らす人々にとって、富士山の存在は意識の奥深くに埋没してしまっている。私は、この街に暮らす人々が富士山を眺める行為に価値を見出せるよう、非日常的な富士山の風景を建築によって生み出し、この街固有のアイデンティティを創出することを目指す。

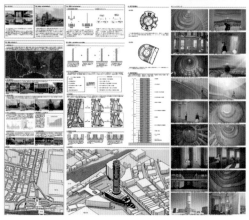

ID 180

杉山 翔太
Shota Sugiyama

信州大学

Project

農村多肢化
－ ベトナムチュエンミー社 ゴ村を含む
カムチャイネットワークのアップデート －

伝統工芸カムチャイを営み美しい風景をつくり出している「ゴ村」。調査・分析から明らかになったのは、村民の協力関係の希薄さと隣村やその外部との繋がりの弱さであった。「農村多肢化」とは、ネットワークの繋がりを肢として捉え、村内外に新たに多くの肢を伸ばし、繋ぐことを意味する。本提案では、ゴ村を多肢化することでそれら希薄になってしまったネットワークの再構築を目指す。

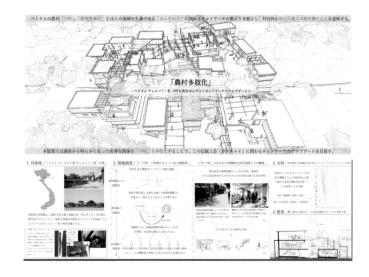

NAGOYA
Archi Fes
2020

写真 : Nobutada Omote

WHAT IS SPACE?

Create a Space!

1. トナリエ大和高田 / 2018.11
2. ビストロ赤沢 伊豆高原 / 2019.09
3. 名古屋市東谷山フルーツパーク / 2019.03
4. アリオ八尾 / 2019.04
5. 京都駅前地下街ポルタ / 2018.03
6. GLAMP ELEMENT / 2017.06
7. ATELIER de GODIVA / 2018.02

スペースは、
商空間をつくる会社です。

Space is a company that creates commercial spaces.

「空間」という社名を背負う私たちは、空間の力で想いを形にすることが事業であり提供価値です。みなさんが普段利用している小売店や飲食店、商業施設、ホテルや空港、他にも様々な空間をつくり続けてきました。明治時代に創業されたガラス商をいしずえに、1948年に創立以来、空間に出来ることを追求し、1つでも多くの "笑顔が生まれる場" をつくってきました。私たちの仕事は、建設業でも不動産業でもなく「ディスプレイ業」。それは、人の暮らしにとても近い、楽しくてワクワクした場所をつくる仕事です。すてきな空間で過ごす時間は、感動や笑顔を生みます。商空間を創造することで、多くの人が笑顔になれるような社会になってほしい。そんな想いで、今日も新しい空間をつくっています。

History

明治中頃	ガラス商を創業
1948	名古屋にてカトウガラス株式会社を創立
1954	カトウ美装株式会社に社名を変更
1976	東京事務所を設置
1986	香港にSPACE JAPAN CO.,LTD.を設立
1989	株式会社スペースに商号を変更
1994	日本証券業協会に株式を店頭登録
1998	本社所在地を東京都中央区に変更
1999	東京証券取引所及び名古屋証券取引所市場第二部に上場
2010	上海にSPACE SHANGHAI CO.,LTD.を設立
2012	東京証券取引所市場第一部に上場
2018	株式会社エム・エス・シーと資本業務提携

厳選実例！ 豊かな暮らしと空間をお届けする、ラグジュアリー住宅誌

2021年、モダンリビングは70周年を迎えます

ML
MODERNLIVING

モダンリビング

隔月・偶数月 7日発売

協 賛 企 業 一 覧 （五十音順）

株式会社 梓設計中部支社	株式会社 スペース	飛島建設 株式会社	株式会社 ビコーインプレス
株式会社 エサキホーム	株式会社 錢高組	中村建設 株式会社	株式会社 不動産SHOP ナカジツ
株式会社 大林組	有限会社 大建 met	株式会社 日建設計	株式会社 洞口
株式会社 木構堂	株式会社 玉善	公益社団法人 日本建築家協会	三重県労働者 住宅生活協同組合
クラシスホーム 株式会社	中日設計 株式会社	公益社団法人 日本建築家協会 東海支部	株式会社 三菱地所設計 中部支店
株式会社 鴻池組	株式会社 TKアーキテクト	公益社団法人 日本建築家協会 東海支部愛知地域会	株式会社 安井建築設計事務所
株式会社 サニー建築設計	トータルアシストプラン 株式会社	日本住宅 株式会社	株式会社 ラ・カーサ
スタジオアンビルト 株式会社	戸田建設 株式会社	株式会社 ハースト婦人画報社	株式会社 ワーク・キューブ
特別協賛：株式会社 総合資格			

Backstage Document

NAGOYA Archi Fes 2020

活 動 内 容 紹 介

NAGOYA Archi Fes 2020

実行委員会　活動内容

中部卒業設計展を手掛けたNAGOYA Archi Fes 2020実行委員会は中部建築界の活性化を理念に掲げ活動する学生団体です。活動は今年で7年目を迎え、その取り組みを社会へ向けて発信することや、業界を盛り上げるべくさまざまな活動をしてきました。新型コロナウイルスの感染拡大で活動も制限される中、設計展を成功させるために苦難に立ち向かいながら全力で駆け抜けた今年一年間の活動の一部をご紹介します。

10月　2019.10.2/3 オブジェ制作プロジェクト

オブジェ・フォトスポットを企業様からのご依頼により制作し、企業様主催のイベントにて展示させていただきました。大勢の方に見ていただき、また別の作品を製作する機会へと繋がりました。本年度は3作品制作させていただきました。学生でありながらも、自分たちで作品をつくって、企業様へ納品して展示をしていただく、そして一般の方々にも見ていただけるという非常に良い経験となりました。

2月　2020.2.21 NAF×SPACE制作

株式会社スペース様と共同プロジェクトで、中部卒業設計展をより豊かな空間にしていくためにさまざまなモノを制作しています。この日は、何度も打ち合わせを重ね、ブラッシュアップしてきた案を実際に制作しに行きました。スペース製作本部のスタッフの方々のお力を借りながら自分たちで仕上げ、実際に会場に設営するように設置し、イメージを膨らませました。

2019 **4** APRIL

活動スタート

6 JUNE
- 2019.6.15 活動説明会＠名城大学
- 2019.6.22 活動説明会＠名古屋工業大学

8 AUGUST
- 2019.8.23 Adobe講座（P147）

10 OCTOBER
- 2019.10.2/3 オブジェ制作プロジェクト（名古屋モーターショープレイベント/P150）
- 2019.10.20 第2回全体会（P144）

12 DECEMBER
- 2019.12.14 レクチャー（P146）第3回全体会
- 2019.12.21 天使の森 PJ 現地調査（P149）

2 FEBRUARY
- 2020.2.21 NAF×SPACE制作（P142）
- 2020.2.28 新聞掲載

7月 2019.7.13 第1回全体会

NAF2020発足後、初めて全体で集まりました。改めてNAF2020の進め方や、各委員会の紹介をした他、みんなが打ち解けるために「尺取り虫」や「ブリッジコンテスト」などのワークショップも行いました。最初は緊張が感じられた新メンバーも、最後には笑顔がたくさん見られました。

11月 2019.11.16 修士設計展

デザイン委員会が修士設計プロレゴメナサミットの会場デザインを担当しました。木と麻紐のみでつくったことで視線が抜け、あくまでも「作品が主役、展示は引き立て役」というコンセプトに合ったデザインとなりました。デザインから施工までNAFの学生たちで行い、大変貴重な経験となりました。

3月 2020.3.3/4 卒業設計展

中部卒業設計展はNAF2020でもメインとなるイベントでしたが、直前に新型コロナウイルス感染症の影響で開催が危ぶまれました。マスク着用や消毒などの対応をし、豪華な審査員と個性的な素晴らしい作品と最高の運営メンバーにより、「中部建築界の活性化」を理念として活動してきた7年間の思いを繋ぐことが出来ました。年間を通して準備してきた設計展を開催できたことはメンバー全員にとって素晴らしい経験となりました。

明日が、笑顔になる空間を。

space

株式会社スペース様のご協力のもと、中部卒業設計展会場のサイン計画とNAFについて知ってもらう展示空間を製作しました。NAF2019で審査員控室として使われていたHACOをアップデートし、スペースさんの力を借りてつくったサインとWAKUが会場を飾り立てました。

タイムスケジュール

11月	NAF 打ち合わせ
12月	合同デザイン案会議
1月	モックアップ作成

デザイン案決定

| 2月 | 製作 |

| 3月 | 設営・展示 |

中部卒業設計展

01 HACO×HACO から

NAF2019では400mm、800mmのモデュールのユニット化されたHACOを制作。NAF2020ではHACOをどのように引継ぎ、どう利用するかがこのプロジェクトの課題でした。プロジェクトメンバーで案出しをしていくつかの案を持ち寄り、打ち合わせを繰り返すことでWAKUとFLOOR SIGNの2つを製作することとなりました。

02 発案から計画、製作まで

決定案をもとに製作本部の方々がモックアップを製作し、素材・寸法・組立や解体の仕様などの詳細の設計をしていきました。そして、製作本部の方々のお力を借りて角材のやすり掛けや、面取り、着色などをしてWAKUとFLOOR SIGNを製作。自分達の設計物を実際に製作できることがこのプロジェクトの最大の魅力でした。

WAKU × HACO

HACO に即した寸法の WAKUを製作し、展示空間をつくりました。面でできたHACOに対してWAKUは線で立方体を製作。天板にアクリル板を用いることでHACOがWAKUの中に浮いているように見せました。展示物はWAKUから吊るすことで透明感のある展示空間に仕上げました。HACO同様にWAKUも組み木によってユニット化することで簡単に組み替え可能となっています。

FLOOR SIGN

会場を一筆でつなぐサイン。会場内のレイアウトは来場者にわかりやすいものでなければなりません。会場内のどこに何があるのかを視覚的にパッと見て伝えられるようなサインの計画をしました。サインデザインはNAFのロゴから着想を得て、シンプルな一筆書きのデザイン。サインを彫り、NAFのイメージカラーのオレンジ色を塗ったこの板をHACOに差し込み、会場に配置。会場案内がより明確になり、会場内に一筆の動線ができあがりました。

第2回　全体会
即日設計

全 体会にて即日設計を行いました。ランダムに分けられた5〜7人の9つのグループで、各学年が協力して設計を行いました。今回のテーマは「未来のトイレ」。会場だった名城大学内を敷地とし、短い時間の中で各グループがユニークなトイレを考え、発表しました。質疑もたくさん飛び交い、活気のある即日設計となりました。

タイムスケジュール

- 10/20
- 13:00　集合・企画説明
- 13:30　敷地調査

- 14:30　ディスカッション

- 16:00　発表

- 17:00　全体会終了
- 18:00　打ち上げ

01　テーマ『未来の公衆トイレ』

普段の設計では軽く考えられがちなトイレ。設備・環境・デザインなど多くの要素を取り入れ、そこにしか存在しない唯一のトイレを提案してください。

02　敷地調査

グループごとに親睦を深めながら敷地内を探索しました。一番人気の場所は中庭でしたが、建物の屋上や柱の内部、はたまた上空など、ユニークな敷地の提案もあり、面白かったです。

03　グループディスカッション

初めはぎこちなかったディスカッションも、すぐに打ち解け下級生も発言するように。新たなキャラの発見などもあり、盛り上がりました。性別や育った環境などによって、トイレに対する考え方がそれぞれ異なり、良い意味で普段の設計とはひと味もふた味も変わったものになったのではないでしょうか。

04 シート制作

1年生から3年生まで全員が参加しやすいように、シートは模造紙にカラーペンで制作しました。短い制作時間のなかで焦りながらも作業を分担し、なんとか完成させました。オリジナリティのあるシートが集まり、どのグループのシートも素晴らしいものでした。文章を書くのが得意、絵を描くのが上手、レイアウトがきれいなど、互いの良いところをたくさん発見できました。各学年が気軽に話せる環境は他の企画でも活かされました。

05 発表

発表2分、質疑4分で行いました。やはり3年生は発表に慣れており、下級生にとっては発表の場を経験する良い機会となりました。一方で、上級生が下級生からの質問にたじろぐ場面もあり、大いに盛り上がりました。各グループの提案の概要をまとめました。

1班：「Uber toilet」
必要な時に呼び出して使えるドローン型トイレとその基地の提案。一人一つドローンのデザインを提案した。
2班：「共生」
人間だけでなく、動物も利用するトイレの提案。
3班：「たけとり べんじょ ものがたり」
ピロティ空間の柱に紛したトイレの提案。屋外にトイレが少ない問題を解消する。
4班：「解き放つ」
あえて日常から非日常に解き放つトイレ。壁を取っ払う、並べないなどの操作をしている。木の形を模し、枝と根にトイレを設ける。

5班：「飛べ！トイレ!!」
対象敷地は勾配が多く移動に時間がかかる。空を飛び、移動しながら利用できるトイレの提案。球の個室にプロペラがついた可愛いデザイン。
6班：「枝張る」
暗いイメージを払拭し、学園生活に寄り添うトイレの提案。大学内をつなぐように、木の枝を模した構造体を配置し、そこに葉のようにトイレを載せる。
7班：「トイレを植える」
空が見え、開放感を感じる個室トイレの提案。縦に長い筒状の個室が、周囲の木と共に地面に植えられている。
8班：「WT75」
狭いというイメージを払拭するトイレをタワーの屋上につくる。学内を見下ろせるガラス張りの大胆な提案。
9班：「個となるトイレ」
ジェンダー問題を解決するトイレの提案。敷地の勾配を活用し視線を操作し、利用者のプライバシーを守る。

短い時間の中でグループごとの個性が出て面白かったです。また、他大学、他学年が交わり新たな交流が生まれました。

NAF主催 レクチャー

　　川エリカ先生をお呼びし
中　て行ったレクチャー企画。
10月に開催予定だったぎふメディ
アコスモスでの講演会が台風で
中止となり、今回のレクチャーが
実現しました。急遽決まったこの
企画はNAFメンバーを中心に、会
場は多くの人で埋め尽くされ、特
別な講演会になりました。

中川先生の代表作品

桃山ハウス

©Koichi Toriyama

ヨコハマアパートメント
(西田司 / オンデザインと共同設計)

©Koichi Toriyama

丘端の家

©yujiharada

01　多くの学生たちが集まったレクチャー

講演会では中川先生の大学生時代から始まり、自身の事務所を立ち上げ
るまでや、模型のスケールが大き
いことで知られる先生の模型に対
する考え方などを講演していただ
きました。また、代表作の「桃山ハ
ウス」「ヨコハマアパートメント」
「塔とオノマトペ」「SKIP ROOF」
などの建築を設計した際のお話
や、学生たちが自身の設計にすぐ
生かせるようなお話をたくさんし
ていただきました。わかりやすい
日本語を意識して講演をしている
とおっしゃられていた中川先生の
講演は、その言葉通りとてもわか
りやすく、学生たちの心に深く残っ
たのではないでしょうか。

02　質問する学生が殺到した懇親会

レクチャーの質疑応答の時間では足らず、レクチャー後の懇親会でも質問をし
たい学生で長蛇の列ができていました。僅かな時間しか残されていませんでし
たが、中川先生は一人ひとり丁寧に答えてくださりました。学生は刺激をもら
い、大変有意義な時間となりました。

Illustrator 勉強会 Photoshop

建築学生には必須と言っても過言ではないIllustratorやPhotoshop。しかし、どの学校でも指導が不十分というのが共通の問題のようです。さまざまな大学に通う、異なる学年の学生が集まるメリットを生かし、それぞれが教え合うことでスキルアップし、中部圏の建築学生の技術向上を目指します。

タイムスケジュール

- 8月 ┃ BEAVER レクチャー
- 15:00 レクチャー
- 16:30 実際にやってみよう
- 17:30 懇親会
- 9月 ┃ NAF内勉強会
- 15:00 基本操作
- 15:30 レタッチ
- 17:00 完成

01 BEAVER 伊藤拓也さんのAdobe講座

建築学生向けソフトのチュートリアル動画配信サービスを提供するBEAVERの伊藤拓也氏にAdobeの講座を行っていただき、NAF内外から学生が集まりました。1、2年生に向けた基礎的な使い方から、使い慣れた3年生が驚くような応用や豆知識までを、一枚のパースを加工する工程を実際に見せながら教えていただきました。また、フリー素材のおすすめサイトを教えていただくなど、盛りだくさんの内容でした。

02 NAF内でのPhotoshop勉強会

伊藤さんのレクチャーを受けて、3年生が1、2年生にPhotoshopを教える勉強会も行いました。一人一台パソコンを用意し、レタッチ前のレンダリング画像を一緒に加工していきました。下級生は上級生に積極的に質問したり、互いに教えあったりし、全員が時間内に完成させることができました。

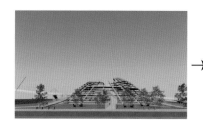 →

けんちくかフェス

東海地区の建築家が集まるイベント「JIA東海支部大会2019」の学生代表として、有志で参加しました。6日間にわたり行われるさまざまなイベントのうち、いくつかは中心として活動させていただきました。開催期間だけでなく、準備期間の会議に参加したりと、とても貴重な体験でした。「中部建築界の活性化」を理念として活動する私たちにとって、見習うべき姿勢をたくさん示していただきました。

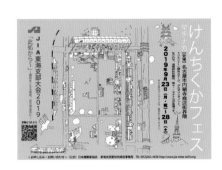

タイムスケジュール

01 天使の森プロジェクト

天使の森プロジェクトのオープニングとして、JIA会長の六鹿正治氏と小原木材株式会社社長の小原淳氏の対談が行われました。NAFメンバーも最前列で聞かせていただき、SDGsを建築の立場でどう捉えるかについて学びました。

02 まちなか井戸端会議

JIA東海支部コンペ「辺境で、AIと死者と暮らす」に参加した審査員の建築家による対談が行われました。NAFでも有志でこのコンペに参加し、4つのグループに分かれて設計しました。

03 アップデート会

JIA東海支部コンペの中間講評会を行っていただきました。4グループが講評者の浅井裕雄氏・田中義彰氏・栗原健太郎氏にそれぞれ発表し、アドバイスをいただきました。その後、観覧者の方も交えて、「辺境で、AIと死者と暮らす」というテーマについてディスカッションしました。建築家の方々の意見はもちろんさまざまな世代の意見を聞くことができ、それぞれの作品がより良いものになりました。

天使の森プロジェクト

愛知県岡崎市にある「天使の森」という山には、観光客や山で仕事をされている方のためのトイレが備わっていません。そこで、愛知県岡崎市の「天使の森プロジェクト」の一環で、自然分解で処理できるバイオトイレの設計を行っています。この活動はNAF、JIA東海支部、小原木材の共同プロジェクトです。活動としては、SDGsについての勉強会や、「持ち出さず、持ち込まない」をテーマに現地まで敷地調査に行くなどして、バイオトイレの設計を進めています。

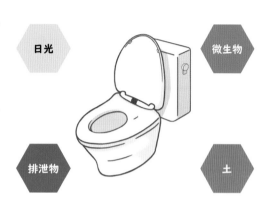

日光　微生物　排泄物　土

排泄物は分解され、山に還る

タイムスケジュール

- 10月　決起会
- 11月　合同会議
- 12月　現地調査

- 5月　年内完成を目標にバイオトイレを設計・施工

SUSTAINABLE DEVELOPMENT GOALS

01 理念

緑の山に恵まれた日本。しかし今、その森林の4割を占める人工林の多くが放置され、崩壊の危機に直面しています。また、その山を守ってきた山間集落も経済力の低下と過疎化によって、その存続が危ぶまれています。 岡崎市の最も奥に位置する「天使の森」は乙川、矢作川の源流に当たります。山頂からは遠く三河湾を望むことがで

き、奥山から海までの一連の川の流れ、地球規模での生命の循環の流れを想起できる絶好の場所です。また周辺地域には縄文時代、弥生時代の遺跡が点在しており、古代から今に至る時間軸で、自然と人との関わりを再検証し、これからの持続可能な暮らし方を考えるのに相応しい場所と考えられます。

02 目的

「天使の森」プロジェクトは、そういった自然と人の在り方という原点から、森林の再生、里山の暮らし、地域循環型産業を考え、その実現に貢献していくことを目的としています。その推進のために、生態学や植物分類学などの各分野の専門家、郷土研究家、アーティスト、地域に住む市民、企業、各種団体などの幅広いメンバーが、お互いの知恵と知識を共有し、共に課題解決に取り組んでいます。また、未来につながる子どもたちに対し、自然と人のあるべき関係を考えるきっかけとなるさまざまな機会を提供していくことも大事な使命と考えています。

オブジェ制作プロジェクト

企業様からの依頼により、オブジェ・フォトスポットを制作し、主催イベントにて展示をさせていただきました。昨年の中部卒業設計展のオブジェを大勢の方に見ていただいたことで、次につながる機会になり、本年度は3つ制作させていただきました。

制作風景

7月

10月

11月

01 SUV&スポーティーカー祭り

7月20日　@オアシス21

正面に立ったときにだけ絵柄が見えるフォトスポットを制作しました。大人から子どもまで多くの方に写真を撮っていただきました。

02 名古屋モーターショープレイベント

10月2.3日　@ミッドランドスクエア

糸を幾重にも重ねることで立体感をあたえるオブジェを制作しました。イベント当日にはSKE48のトークショーも開催されました。

03 メッセナゴヤ2019

11月6-9日　@ポートメッセなごや

来場者数60,000人の日本最大級の異業種交流イベントにて、フォトスポットを制作しました。

修士設計展 会場デザイン

名古屋工業大学北川研究室と合同で、2019年11月開催の「修士設計プロレゴメナサミット」の会場デザインをNAFが担当しました。『作品が主役、展示は引き立て役』をコンセプトに、木と紐を組み合わせて"抜け"のある展示空間をつくりました。照明を落とし、ライトを点けて歩き回るという新しい挑戦も試み、今までにない面白い会場デザインとなりました。

タイムスケジュール

7月	北川研と打合せ
8月	デザイン案会議
9月	合同会議
10月	デザイン案決定
11月初旬	制作
11月半ば	会場設営
	完成
	設計展運営

01 グループに分かれ、コンペ形式で案決定

NAFで初の試みとなる修士設計展での会場デザイン。3人1グループに分かれて会議を重ね、それぞれのグループでまとまった案を持ち寄り、デザイン会議を行いました。何度もブラッシュアップをして会場デザインが完成しました。

02 NAF全体で協力し合い、シート台制作

主にデザイン委員会で進めてきたこのプロジェクト。実際の制作からは、他のNAFメンバーに手伝ってもらい、4日間かけて完成させました。

03 最後まで全て、自分たちの手で

会場デザインを提案するだけでなく、制作から設営、備品準備まで全て自分たちで行いました。自分たちで何度も試行錯誤して考えた会場が、実際に形になることは今までになく、大変貴重な経験となりました。

NAGOYA Archi Fes 2020　中部卒業設計展 学生実行委員会

| 代表 | 北川佑亮 | 名古屋工業大学(3年) | 広報委員長 |
| 副代表 | 今岡智輝 | 名古屋工業大学(3年) | 審査委員長 |

会場委員会

髙井梨那	中部大学(3年)	委員長
田島雅隆	名古屋工業大学(3年)	副委員長
沢田雄基	名古屋工業大学(3年)	オブジェ班長
東明里	名古屋工業大学(3年)	演出班長
清水將喜	名古屋工業大学(3年)	運送班長
杉江一鷹	名古屋工業大学(3年)	設営班長
竹内渉	名古屋工業大学(3年)	
田上源士	名古屋工業大学(3年)	
林夕紀子	大同大学(3年)	
松原みなみ	愛知工業大学(3年)	
中村衣里	中部大学(3年)	
小嶋里佳	名古屋女子大学(3年)	
北村海卯	大同大学(2年)	
板谷夏花	金城学院大学(2年)	
青木香澄	金城学院大学(2年)	
小濱佳花	金城学院大学(2年)	
鈴木里奈	金城学院大学(2年)	
酒井七輝	金城学院大学(2年)	
関谷春佳	金城学院大学(2年)	
中島早稀	金城学院大学(2年)	
加藤愛夏	中部大学(2年)	
田中愛美	中部大学(2年)	
山下現生	名古屋大学(2年)	
田住梓	名古屋工業大学(2年)	
鈴木瑛理	名古屋女子大学(2年)	
内藤魁人	静岡理工科大学(1年)	
渡邉好貴	信州大学(1年)	
日下雄介	中部大学(1年)	
馬場友飛	中部大学(1年)	
安井龍之介	中部大学(1年)	
安田英永	中部大学(1年)	
大久保芽依	名古屋工業大学(1年)	
渡邉梨央奈	名古屋工業大学(1年)	
金田彩	名古屋造形大学(1年)	
川村ゆき	名古屋造形大学(1年)	
石川風大	名城大学(1年)	
大嶋唯花	名城大学(1年)	
柴山晴登	名城大学(1年)	
高橋佑奈	名城大学(1年)	
中原萌々子	名城大学(1年)	
西村帆乃加	名城大学(1年)	
西野侑花	名城大学(1年)	
羽場駿也	名城大学(1年)	
前津玲奈	名城大学(1年)	
松本留侑	名城大学(1年)	

広報委員会

梶川哲平	名古屋市立大学(3年)	副委員長
前田治樹	名古屋工業大学(2年)	副委員長
伊藤沙耶	愛知工業大学(3年)	
高橋侑里	愛知工業大学(3年)	
藤原恭子	金城学院大学(3年)	
藤原里夏	金城学院大学(3年)	
武内美有	名古屋工業大学(2年)	
西康貴	名古屋市立大学(2年)	
後藤龍聖	中部大学(1年)	
神野帆乃香	名古屋工業大学(1年)	
岸夕海	名古屋工業大学(1年)	
橘爪咲	名古屋工業大学(1年)	
梶田龍生	名古屋工業大学(1年)	
上野杏実	名城大学(1年)	
江本一夏	名城大学(1年)	

デザイン委員会

竹内栄里	名古屋工業大学(3年)	委員長
岩田愛優美	名古屋工業大学(3年)	副委員長
小篠佑佳	名古屋工業大学(3年)	
大塚竣揮	名古屋工業大学(3年)	
松田桜	名古屋工業大学(3年)	
鈴木茉里奈	名古屋工業大学(2年)	
松田悠作	名古屋工業大学(2年)	
丹羽佑太	名古屋工業大学(2年)	
筒井雅	日本福祉大学(2年)	
天野春果	名城大学(1年)	
新井花奈	名城大学(1年)	
江口菜々実	名城大学(1年)	
城戸美穂	名城大学(1年)	
前田篤謙	名城大学(1年)	

審査委員会

田嶋大地	名古屋市立大学(2年)	副委員長
吉村真由	名古屋工業大学(2年)	副委員長
木下紗英	大同大学(3年)	
宮川詩布	名古屋工業大学(3年)	
掛布竣也	名古屋工業大学(3年)	
小野和也	名古屋工業大学(3年)	
神戸葵	椙山女学園大学(2年)	
曽根彩希	椙山女学園大学(2年)	
小田雅也	名古屋工業大学(2年)	
濱田紗希	名古屋工業大学(2年)	
林泉水	名古屋工業大学(2年)	
正村優衣	名古屋工業大学(2年)	
増田塁成	名古屋工業大学(2年)	
リテンウンウツ	名古屋工業大学(2年)	
高橋天勢	名古屋市立大学(2年)	
小出一葉	名古屋造形大学(2年)	
濱嶋琳	名古屋造形大学(2年)	
今枝望	名城大学(2年)	
恒川智香	名城大学(2年)	
多田奈生	名城大学(2年)	
日下博瑛	信州大学(1年)	
渡辺裕太	中部大学(1年)	
大澤葵	名古屋工業大学(1年)	
久米爽平	名古屋市立大学(1年)	
中村優輔	名城大学(1年)	
恒川奈菜	名古屋造形大学(1年)	
福井萌夏	名城大学(1年)	
林志穂	名城大学(1年)	
平田千沙都	名城大学(1年)	

渉外委員会

長妻昂佑	名古屋工業大学(3年)	委員長
辻昂河	中部大学(2年)	副委員長
鈴木音々	名古屋工業大学(2年)	会計
西田楓	名古屋工業大学(2年)	会計
横田太志	名古屋工業大学(3年)	
松本育也	名古屋工業大学(2年)	
辻貴美恵	名古屋女子大学(3年)	
山元明日香	名古屋工業大学(2年)	
久野貴範	中部大学(2年)	
畔柳拓矢	中部大学(2年)	
堀田隼平	中部大学(2年)	
野呂秋穂	中部大学(2年)	
間宮将輝	中部大学(1年)	

建築士受験生を応援します

2019年度 1級建築士

設計製図試験

全国合格者3,571名中／
学院当年度受講生2,138名
〈2020年2月12日現在〉

合格者
占有率

59.9%

全国合格者のおよそ6割は当学院の当年度受講生！

2019～2015年度 1級建築士

学科試験

全国合格者合計24,436名中／
当学院受講生12,228名
〈2019年9月10日現在〉

合格者
占有率

50.0%

全国合格者の2人に1人以上は当学院の受講生！

おかげさまで総合資格学院は「合格実績日本一」を達成しました。
これからも有資格者の育成を通じて、業界の発展に貢献して参ります。

総合資格学院　学院長
岸 隆司

2019年度 2級建築士 設計製図試験

当学院
当年度受講生
合格者数

2,080名

全国合格率
46.3%
に対して

当学院基準達成
当年度受講生
合格率

80.2%

合格者の4割以上（占有率41.3%）は当学院の当年度受講生！
合格者数は、(公財)建築技術教育普及センター発表による。全国合格者数5,037名

9割出席・9割宿題提出・模擬試験2ランクⅠ達成
当年度受講生1,206名中／合格者967名
〈2019年12月5日現在〉

2019年度 1級建築施工管理技術検定 実地試験

当学院基準達成
当年度受講生
合格率

83.1%

全国合格率
46.5%に対して

9割出席・9割宿題提出
当年度受講生758名中／合格者630名 〈2020年2月6日現在〉

2019年度 設備設計1級建築士講習 修了考査

当学院
当年度受講生修了率

84.8%

全国修了率
67.6%に対して

修了当年度受講生46名中／修了者39名
〈2019年12月18日現在〉

2019年度 建築設備士 第二次試験

当学院基準達成
当年度受講生
合格率

89.6%

全国合格率
54.3%に対して

8割出席・8割宿題提出
当年度受講生67名中／合格者60名 〈2019年11月7日現在〉

資格学院の合格実績には、模擬試験のみの受験生、教材購入者、無料の役務提供者、過去受講生は一切含まれておりません。

建設業界に特化した
新卒学生就活情報サイト 🕐 **総合資格navi 2022**

建築関係の資格スクールとしてトップを走り続ける総合資格学院による、建築学生向けの就活支援サイト。
長年業界で培ったノウハウとネットワークを活かして、さまざまな情報やサービスを提供していきます。

スマートフォンから
直接アクセス⇒

開講講座一覧	1級・2級建築士	構造設計/設備設計 1級建築士	建築設備士	1級・2級 建築施工管理技士	1級・2級 土木施工管理技士	法定講習	一級・二級・木造 建築士定期講習	第一種電気工事士定期講習	宅建登録講習
	1級・2級 管工事施工管理技士	1級 造園施工管理技士	宅地建物取引士	賃貸不動産 経営管理士	インテリア コーディネーター		管理建築士講習	監理技術者講習	宅建登録実務講習

NAGOYA Archi Fes 2020

中部卒業設計展

2020年8月24日　初版発行

編　著	NAGOYA Archi Fes 2020 中部卒業設計展実行委員会
発行人	岸 隆司
発行元	株式会社 総合資格

　　　　〒163-0557　東京都新宿区西新宿1-26-2　新宿野村ビル22F
　　　　TEL 03-3340-6714（出版局）
　　　　株式会社 総合資格　　http://www.sogoshikaku.co.jp/
　　　　総合資格学院　　　　　https://www.shikaku.co.jp
　　　　出版サイト　　　　　　http://www.shikaku-books.jp/

編　集	鬼頭英治（株式会社 エディマート）
執　筆	NAGOYA Archi Fes 2020 中部卒業設計展実行委員会、鹿島弘絵
アートディレクション	田中綾乃（株式会社 エディマート）
デザイン	田中綾乃・近藤宏樹（株式会社 エディマート）、田中農（CoroGraphics）、
	NAGOYA Archi Fes 2020 中部卒業設計展実行委員会
撮　影	加納将人、NAGOYA Archi Fes 2020 中部卒業設計展実行委員会
編集協力	竹谷繁（株式会社 総合資格 中部本部）、金城夏水（株式会社 総合資格 出版局）
印刷・製本	セザックス 株式会社